La nuit est ma lumière
Matthias Grünewald

Du même auteur

Exil et Tendresse, Éditions Franciscaines, 1962.

Le Cantique des créatures ou les Symboles de l'union, Desclée de Brouwer, 1970.

Le Chant des sources, Éditions Franciscaines, 1976.

Le Peuple de Dieu dans la nuit, Éditions Franciscaines, 1976.

François d'Assise, Le retour à l'Évangile, Desclée de Brouwer, 1981.

Le Royaume caché, Desclée de Brouwer, 1987.

Dieu plus grand, Desclée de Brouwer, 1990.

Sagesse d'un pauvre, Desclée de Brouwer, 1991.

Rencontre d'immensités. Une lecture de Pascal, Desclée de Brouwer, 1993.

Éloi Leclerc

La nuit
est ma lumière

Matthias Grünewald

DESCLÉE DE BROUWER

Crédit photographique

Retable d'Issenheim, Colmar ; Musée d'Unterlinden
© Giraudon

Imprimi potest
Metz, le 2 janvier 1984
Fr. Marc Fabre, ofm ministre provincial

© Desclée de Brouwer, 1984
ISBN 2-220-02478-4
Pour cette édition, 1994
ISBN 2-220-03573-5

Avant-propos

C'est une destinée bien étrange que celle de ce peintre poursuivi toute sa vie par l'image du Christ crucifié et qui, un jour, quitta la cour du Grand Électeur, l'archevêque de Mayence, son protecteur, pour s'enfoncer dans le silence de l'oubli. Bien qu'il soit l'un des plus grands peintres de son temps, on sait peu de chose sur sa vie. La date exacte de sa naissance, son nom même, sa formation et ses dernières années sont enveloppés d'ombre et font problème. Il mourut en 1528, la même année que son illustre compatriote, Albrecht Dürer. L'histoire l'a baptisé Matthias Grünewald. De son vrai nom, il s'appelait vraisemblablement Mathis Gothart Nithart.

Mais si l'homme se perd dans la nuit, l'œuvre trahit une vie intense. Une œuvre aussi vigoureuse ne se ramène pas à une leçon apprise ni à la simple exécution d'une commande. Elle n'aurait ni cette violence, ni cette tendresse, ni cette grandeur tragique, ni surtout cette vérité, si son créateur ne s'y était projeté tout entier, avec ses propres souffrances et ses joies les plus secrètes. Une telle œuvre ne peut être que le reflet d'une expérience intérieure exceptionnelle. Elle est la confession de son auteur.

En vérité, elle est le langage d'un homme qui a vécu en profondeur le drame de son temps. Cette sombre et fascinante Crucifixion à laquelle maître Mathis revient toujours, se dresse au carrefour de tous les tourments et de toutes les turbulences d'une époque. Elle crie les angoisses d'un siècle particulièrement orageux, où s'entremêlent dans un même tourbillon la révolte religieuse de Martin Luther, la guerre des paysans et le fléau des grandes épidémies.

Mais cette Crucifixion est aussi le lieu de rencontre de la souffrance des hommes et du mystère rédempteur. Une rencontre qui s'est faite au cœur même de l'artiste. Au plus intime de sa foi. C'est précisément ce que j'ai voulu montrer dans mon ouvrage.

Je me suis placé d'emblée au moment crucial de cette vie, quand Grünewald crut devoir quitter la brillante cour de l'archevêque de Mayence, dont il était le peintre officiel. L'heure de vérité avait sonné pour lui. C'était au lendemain de l'écrasement de la révolte paysanne. En sympathie et par solidarité avec les pauvres gens des campagnes, voués à la répression des princes, le peintre du Christ crucifié choisit alors l'exil, la pauvreté, l'oubli. Ce choix, loin d'être étranger à son œuvre, en était l'aboutissement.

J'ai donc rejoint l'artiste dans sa solitude et son exode. Je l'ai trouvé plongé dans les ténèbres de cette Crucifixion qu'il avait si souvent représentée. Peintre désormais sans commandes, réduit à vivre dans la misère, en proie au déchirement intérieur. Mais là, peu à peu, dans l'ombre de la croix, j'ai vu s'ouvrir des yeux d'enfant. Et la lumière de ce regard, rejaillissant du fond de l'abîme sur l'œuvre de l'artiste, en révélait tout le sens.

Je n'ai pas cherché à écrire une biographie, d'ailleurs impossible dans l'état actuel de nos connaissances. Je propose seulement une approche vivante de l'œuvre du grand peintre. Je le fais dans un récit qu'on voudra bien lire comme une parabole ou une nouvelle, composée sur fond d'histoire. C'est une expérience spirituelle que j'ai voulu évoquer avant tout. Une expérience dans laquelle le génie artistique, la foi religieuse et l'amour des humbles se sont rencontrés pour nous donner l'un des témoignages les plus vrais et les plus pathétiques de notre culture.

La méditation de ce témoignage m'a beaucoup appris. C'est aussi cela que j'ai exprimé dans cet ouvrage. S'il est vrai que l'œuvre picturale de maître Mathis, dit Grünewald, continue l'art médiéval et le porte même à un sommet, elle laisse apparaître cependant une sensibilité nouvelle et déjà toute moderne. La vérité religieuse n'est plus ici contemplée comme une vérité en soi, comme une idée platonicienne que l'on atteint d'autant mieux qu'on s'élève au-dessus des turbulences humaines et du devenir historique des hommes. Cette vérité est appréhendée par un sujet humain qui participe au drame de son temps. C'est une vérité divine et humaine à la fois. Une vérité qui nous éclaire d'autant plus sur Dieu qu'elle saisit l'homme dans son histoire intime et collective.

A la Licorne

Hans Plogk s'était engagé dans la rue des Cordeliers. Étroite et tortueuse, cette rue commerçante du vieux Francfort-sur-le-Main était très animée.

On s'y trouvait pris dans un va-et-vient de marchands, de colporteurs et de ménagères. Des gamins gambadaient, des badauds flânaient. Et au-dessus de tout ce monde, comme pour l'envoûter, les maisons penchaient leurs encorbellements de part et d'autre. De nombreuses enseignes, toutes plus richement ornées les unes que les autres, pendaient et rivalisaient d'éclat. L'une d'elles portait cette inscription : « A la Licorne ». Elle indiquait l'atelier et le magasin du brodeur sur soie, Hans von Saarbrücken. C'est vers cette maison que Hans Plogk dirigeait ses pas en une fin d'après-midi de septembre 1527.

Hans arrivait de Halle-sur-Saale ; il se proposait de visiter la grande foire annuelle de Francfort, qui battait alors son plein. Mais auparavant il voulait revoir son ami, maître Mathis, l'ancien peintre à la cour de Mayence, qui vivait retiré chez Hans von Saarbrücken.

Les deux hommes s'étaient bien connus à la cour du Grand Électeur, l'archevêque Albrecht de Brandebourg ; ils y avaient exercé leur activité pendant de nombreuses années, maître Mathis comme artiste peintre, Hans Plogk comme brodeur. Mais l'un et l'autre avaient dû fuir Mayence, voici un an, à la suite des graves événements qui avaient secoué et ensanglanté le pays. La révolte des paysans, qui grondait sourdement depuis plusieurs années, avait soudain éclaté avec la violence de l'orage. Les diocèses de Mayence furent particulièrement touchés. On vécut alors des jours sombres et des heures d'épouvante. Des bandes de paysans armés de faux, de lances et d'épées, parcouraient le pays. La nuit, des châteaux flambaient ; le ciel s'embrasait ; le tocsin sonnait ; bêtes et gens affolés fuyaient.

Hans Plogk regrettait ces violences, mais il comprenait cette révolte. La misère dans laquelle les paysans croupissaient, la conscience de leur dignité bafouée et le fol espoir d'une égalité sociale inspirée de l'Évangile, les avaient jetés dans cette aventure. Ils s'étaient levés en masse. Et un moment ils semblèrent triompher. Sous la conduite de Götz von Berlichingen, ils se rendirent maîtres des villes d'Aschaffenburg et de Seligenstadt. Heilbronn aussi tomba entre leurs mains. Mais bientôt ils se heurtèrent à la contre-offensive des princes. Ce fut l'écrasement, puis la répression impitoyable.

Or celui qui avait maté la révolte sur le territoire de Mayence n'était autre que Joachim de Brandebourg, le propre frère de l'archevêque. Ce dernier, réfugié pendant l'émeute dans son château, la Moritzburg, près de Halle, était revenu après la défaite des insurgés dans sa résidence d'été d'Aschaffenburg. Là il s'était empressé de procéder à une épuration de sa cour. Les courtisans compromis avec les gueux ou suspects de sympathies luthériennes furent jugés. Les uns se virent privés de leurs charges; les autres condamnés à payer des amendes. Hans Plogk qui n'avait pas caché ses sentiments en faveur des pauvres gens des campagnes disparut à temps et se réfugia à Halle, échappant ainsi à toute condamnation. Quant à maître Mathis, il crut simplement de son devoir de ne pas reparaître à la cour : il ne pouvait approuver la répression dont les paysans étaient l'objet. Il se retira dans la ville libre de Francfort-sur-le-Main où il fut accueilli chez Hans von Saarbrücken. Depuis ce temps, les deux hommes ne s'étaient pas revus.

Hans Plogk conservait de son ami un souvenir fascinant. Parmi tous les hommes de la cour, aucun ne l'avait impressionné comme cet artiste peintre.

Pourtant Mathis ne se livrait pas facilement. Il tranchait et déroutait par sa réserve. Certains le trouvaient même un peu sauvage. En vérité, c'était un homme discret, secret. Mais quand une fois il s'ouvrait à vous, vous étiez pris sous son charme et comme envoûté. On ne pouvait avoir avec lui une conversation banale. Non qu'il recherchât les sujets élevés, mais il avait sa manière à lui de voir et d'aborder les choses les plus simples, qui les mettait dans une lumière singulière. Il s'intéressait peu aux commérages et aux petites intrigues de la cour. La vie de courtisan lui semblait tellement factice et futile sous son faux brillant. Son attention et sa sympathie allaient d'instinct à la vie simple des petites gens, celle des artisans parmi lesquels il avait longtemps vécu. Lui-même, malgré son grand talent, se considérait comme un des leurs.

Au vrai, Mathis était resté « peuple » à la cour. Il ne fréquentait pas le cercle des « humanistes ». On ne le voyait jamais en compagnie des lecteurs et admirateurs d'Erasme de Rotterdam. Et sans doute avait-il moins de culture que ces esprits brillants. Mais il avait plus de chaleur vitale et de sève créatrice. Il aimait le travail fort où le corps donne la main à l'esprit. Le travail loin de tout verbiage. La peinture commençait pour lui par le broyage des couleurs. Ce travail obscur, patient, obstiné, concentré, était à ses yeux une tâche primordiale. Il prenait la forme d'une lutte amoureuse avec la matière de son art. Cette lutte préludait à la ferveur créatrice. Il en jaillissait une force extraordinaire de vie et d'imagination, qui bousculait les académismes, renouvelait les sujets et enfantait toutes les hardiesses. Qui avait vu maître Mathis dans un de ces moments créateurs, gardait pour toujours l'impression d'avoir vécu, en cet instant, sur un sommet, au voisinage des aigles, parmi les grands vents et le feu du ciel, face à l'Éternel.

Mathis parlait peu de ce qui le concernait personnellement. Que savait au juste Hans Plogk de la vie de son ami ? Rien ou presque. Il savait qu'il était né à Würzburg en 1475[1]. Il ne parvenait pas à se le représenter enfant ou même jeune apprenti. Depuis toujours il était pour lui « maître Mathis ».

Un maître dont les connaissances et les compétences s'étendaient d'ailleurs au-delà du domaine de la peinture. N'avait-il pas travaillé jadis comme décorateur à Aschaffenburg, à la résidence d'été des évêques de Mayence ! Il avait été chargé aussi, en raison de ses aptitudes en technique hydraulique, de contrôler les eaux de Bingen. Plus tard, en 1512, lorsque sa renommée d'artiste peintre se fut répandue dans la vallée du Rhin, il avait été appelé en Haute-Alsace. Les moines du monastère d'Issenheim, qui se dévouaient auprès des malades atteints du mal des ardents, lui confièrent la réalisation du retable de leur église conventuelle. Quatre années durant, il travailla à cette œuvre imposante ; il s'agissait d'un polyptyque de grande dimension.

Chaque fois que Mathis évoquait ces années alsaciennes, son visage s'illuminait ; il en parlait comme

---

1. Grünewald serait né vers 1475/80. C'est la date retenue aujourd'hui par les chercheurs.

d'un temps heureux et d'un paradis perdu. L'Alsace l'avait conquis. Dans ce monastère, il avait trouvé ce que la cour de Mayence était incapable de lui offrir : l'humilité et la charité des moines. D'emblée il s'était senti accordé à cette atmosphère de foi humble et charitable. Là son génie artistique avait donné toute sa mesure. Le retable d'Issenheim était vraiment la grande œuvre de sa vie. Une œuvre accomplie parmi les pauvres, au service des pauvres. « Chaque volet, expliquait-il, est comme la feuille d'un livre géant ; on tourne les pages selon les temps et les fêtes de l'année liturgique, et les différents mystères de notre foi apparaissent tour à tour. On va ainsi de l'Annonciation à la glorieuse Résurrection, en passant par la Passion et la Mort du Seigneur. En somme, un grand livre d'heures en images pour les plus humbles. Et une vision d'espérance pour les malades et les déshérités. »

De retour à Mayence en 1516, le peintre avait repris sa place à la cour du prince-archevêque. Celui-ci, grand amateur d'art, lui témoignait une estime réelle. Mais au milieu de cette cour brillante et mondaine, Mathis ne se sentait pas à l'aise. Silencieux et méditatif, il semblait porter un secret que seul le langage des couleurs pouvait traduire.

Cette intériorité ne l'empêchait pas cependant de tenir son rang. Et même un certain décorum n'était pas pour lui déplaire. Hans Plogk se souvenait d'une cérémonie officielle où maître Mathis était apparu portant le riche habit de cour : la chemise à col brodé d'or, le pourpoint rouge, la culotte jaune et la robe de pourpre doublée de moire ; aux épaules, pendait la chaîne d'or ; au doigt brillait l'anneau. Il avait le visage noble et beau, encadré de cheveux châtains qui lui tombaient sur les épaules. Svelte, élégant, le peintre marchait ce jour-là à côté du Grand Électeur. Un rayon de soleil le frappait au visage. On eût dit le doigt de la gloire posé sur lui.

Tout rempli de ces souvenirs de lumière, Hans Plogk était entré chez le brodeur, Hans von Saarbrücken. Là on lui avait indiqué l'atelier où travaillait son ami. La main sur le loquet de la porte, il s'apprêtait à lui faire la surprise de sa visite. Il était sûr de son effet et déjà en jouissait. Mais la surprise fut pour lui. A peine eut-il entrouvert la porte qu'il eut le souffle coupé. Ce n'était pas un atelier de peintre qui s'offrait à ses regards, mais une officine obscure, exiguë, remplie d'une forte odeur de graisse et de savon. Partout des pots, des fioles de toutes formes et contenances. Il y en avait sur la table, sur le banc, à même le sol. Dans un angle, un homme grossièrement vêtu se penchait sur une marmite énorme. On ne le voyait que de dos. Hans, sur le seuil de ce bouge, ne savait que penser. Pour sûr, il s'était trompé de porte. Mais soudain l'individu qui présidait à cette ténébreuse cuisine se redressa et tourna vers lui son visage. Les deux hommes se regardèrent, interdits. « C'est bien lui, pensa Hans, mais qu'il a vieilli ! » Les joues de son ami s'étaient creusées ; de profondes rides sillonnaient son large front ; ses cheveux grisonnaient. Seul le regard avait conservé tout son éclat : un éclat d'étoile sous des

17

sourcils broussailleux. « Bonjour, maître! » s'écria Hans.

Le visage du peintre, manifestement étonné de cette apparition, se détendit et se mit à rayonner d'un large sourire. « Quelle surprise, Hans! » dit-il simplement. Et les deux hommes se jetèrent dans les bras l'un de l'autre.

« Maître, dit Hans, j'arrive de Halle, et ma première visite est pour vous. Vous ne sauriez croire le plaisir que j'ai de vous retrouver. Mais, dites-moi, que diable faites-vous ici parmi tous ces pots et cette graisse?

— Du savon, cher ami. Je suis devenu fabricant de savon ou d'onguent si vous voulez.

— Vous plaisantez! s'exclama en riant le visiteur.

— Pas du tout. C'est la réalité.

— Comment! Le peintre de la cour du Grand Électeur transformé en marchand de savon! Les bras m'en tombent.»

Hans s'exprimait avec une lenteur consternée, comme s'il cherchait à mesurer toute la déchéance de l'artiste. Une déchéance qui lui faisait mal et qu'il avait peine à admettre.

« Il n'y a aucun déshonneur à cela, repartit maître Mathis. En Alsace, au couvent d'Issenheim dont j'ai peint le retable, les moines qui soignent toutes sortes de maladies de la peau, m'ont appris à confectionner des onguents avec des simples. Je mets à profit ces recettes et ces petits secrets. Je fabrique un savon curatif. C'est une façon de soulager la misère des hommes. Et Dieu sait si cette misère est grande aujourd'hui!»

Hans Plogk, dont l'étonnement allait grandissant, regardait son ami avec un mélange de pitié et d'admiration. Maître Mathis lui apparaissait en ce moment à la fois comme le plus infortuné des hommes et le plus tranquille.

« Et la peinture ? demanda-t-il enfin. Vous n'y avez pas renoncé complètement, j'espère.

— Non, pas tout à fait, répondit le peintre. Venez voir. »

Et ce disant, il l'entraîna dans une salle contiguë.

Le Christ aux outrages

La salle baignait dans la lumière ; elle donnait sur l'arrière de la maison, avec vue sur le jardin et le verger. Elle était spacieuse et à l'abri des bruits de la rue. C'est là que Mathis avait installé son atelier de peinture : un chevalet, deux chaises rempaillées, une table de bois sur laquelle étaient posés des pinceaux, un compas, quelques outils. Un rayon de soleil tombait sur une palette et y faisait resplendir des taches de couleurs encore fraîches : du bleu outremer, du jaune safran et toute une gamme de rouges.

« Ah ! maître, s'exclama Hans, je vous retrouve ici ; la couleur est votre royaume. »

21

Le peintre lui montra toute une collection de couleurs alignées le long du mur, à même le sol. « C'est mon trésor, dit-il ; il y a là du vert d'Espagne, du rouge de Paris, du lapis-lazuli, du cinabre...

— Vous aimez les couleurs, remarqua Hans.

— Si je les aime ! J'en rêve, repartit le peintre. Elles sont ma vie. La couleur n'est pas pour moi un simple décor extérieur. Un peintre n'est pas un teinturier. Pour lui, la couleur exprime la vie secrète des êtres ; elle est le reflet de l'âme, son frémissement, sa résonance profonde, bref, son langage, son chant.

— Quelle couleur préférez-vous ? demanda Hans.

— Oh ! l'une ne va pas sans l'autre. Elles se complètent et se renforcent par la violence de leurs contrastes. J'aime beaucoup les tons francs et nourris : le bleu outremer, le jaune orange ou safran. Mais ma prédilection va au rouge. Au rouge et au jaune. Les couleurs de la flamme et de la lumière. Mon plaisir est de les faire resplendir sur un fond de ténèbres. Du moins c'était mon plaisir. Maintenant... » Il n'acheva pas sa phrase.

« Et maintenant ? » demanda Hans qui voulait en savoir plus. Pour toute réponse, il n'obtint qu'un soupir ; il n'insista pas et enchaîna :

« Tout le monde reconnaît à vos tableaux un éclat particulier. On dit que vous avez un secret de fabrication des couleurs.

— Chaque peintre a ses secrets, répondit Mathis. Moi, je mélange volontiers la substance des couleurs à une solution de chaux et de caséine.

Cela donne des tons brillants et aussi une plus grande résistance.

— Une chose est sûre : vous êtes un poète de la couleur ; vous savez la faire chanter. Et avec quelle pureté et quel éclat ! J'ai vu exposé, dans l'église de Halle, votre tableau *la Rencontre de saint Érasme et de saint Maurice*. C'est une féerie de couleurs, une fête pour les yeux et pour l'âme. Seul un magicien de la couleur a pu conduire le pinceau avec ce bonheur et cet enchantement. On reste ébloui, ensorcelé. »

Après un silence, Hans demanda : « Avez-vous actuellement une œuvre en chantier ? Je vois de la peinture fraîche sur la palette. Si ce n'est pas indiscret, puis-je savoir à quoi vous travaillez ? »

Maître Mathis découvrit avec précaution une toile appuyée au mur. Une crucifixion inachevée apparut. Un Christ en croix entre Marie sa mère et l'apôtre Jean. Simplement ces trois personnages. Une composition sobre mais d'une intensité tragique. La traverse de la croix ployait sous le poids de la torture. Le corps géant du Christ, criblé de blessures et défiguré par l'agonie, pendait sous un immense ciel bleu nuit, strié de noir. La tête du crucifié tombait sous un hallucinant bonnet d'épines. Devant cette vision atroce, l'apôtre Jean semblait éperdu. Quant à Marie, debout de l'autre côté de la croix et comme pétrifiée par la douleur, elle serrait sur sa poitrine les pans de son voile comme pour empêcher son cœur d'éclater. Les couleurs étaient dures comme le supplice, violentes comme le déchirement de l'âme.

23

« Une commande ? demanda Hans, après avoir longuement contemplé le tableau en silence.

— Il n'y a plus de commandes, mon ami, repartit le peintre. Sinon, je ne m'amuserais pas, vous pensez bien, à fabriquer du savon pour vivre.

— Je comprends, murmura Hans. Alors vous peignez pour le seul plaisir.

— Par nécessité intérieure, répliqua l'artiste. C'est ma façon de prier et de crier.

— Vous revenez toujours au même sujet. La crucifixion du Seigneur ne cesse de vous poursuivre. »

Mathis demeura silencieux quelques instants. Puis il déclara : « Tous ces Christs torturés que j'ai peints ont grandi en moi au voisinage de la souffrance des hommes, au contact de toutes ces épaves humaines que j'ai rencontrées dans les hôpitaux de la basse vallée du Main ou en Haute-Alsace. Mais aujourd'hui point n'est besoin de fréquenter ces refuges de la détresse pour découvrir la misère des hommes. Il suffit de parcourir nos campagnes. Elle s'y étale au grand jour et de la façon la plus criante. Regardez-les, tous ces paysans en guenilles, pourchassés, humiliés. Vous connaissez la gravure de Dürer, représentant l'Enfant prodigue. On ne saurait mieux illustrer la condition paysanne d'aujourd'hui. Désespéré, les vêtements en loques, le fils prodigue est agenouillé sur un tas de fumier au milieu de la basse-cour d'une ferme de chez nous. Il est seul. Seul avec les cochons et les porcelets qui grognent autour de lui, tandis qu'il crie au ciel sa détresse. Cet homme, dans sa dignité pitoyable, est le symbole même de la paysannerie allemande et de son désespoir. »

Maître Mathis se tut, le visage assombri. Puis, sur un ton grave, il ajouta :

« Peintre à la cour du prince-archevêque, je prenais part au festin des riches de ce monde. Une part modeste sans doute. Mais enfin je me laissais, moi aussi, éblouir par les honneurs. Entre deux regards attendris sur le pauvre Lazare, je m'asseyais à la table des princes, parmi les courtisans. Après quoi, je peignais le Christ en croix. Quelle dérision ! Maintenant la comédie est terminée. Pour vous aussi, Hans.

— Oh ! en ce qui me concerne, repartit Hans, il ne faut rien exagérer. A Halle, je continue à exercer mon métier. Au début, ce fut dur, il est vrai. Mais peu à peu je me suis fait une nouvelle clientèle. Et ma situation présente est assez confortable. Pour vous, maître, c'est très différent ; vous avez tout perdu.

— Après ce qui s'est passé, dit le peintre, il ne m'était plus possible de reparaître à la cour. Les pieds m'auraient brûlé. Et l'âme aussi. J'ai préféré tout perdre. »

Il se tut un instant. Puis il poursuivit :

« Je me trouvais à Seligenstadt pendant l'émeute. Que réclamaient les paysans en révolte ? Simplement leur part de bonheur et de dignité. Ils se sont soulevés parce qu'on la leur refusait. J'ai lu leurs *XII Articles*[1]. Ce texte n'est pas un appel à la

1. Voir le texte, à la fin de l'ouvrage, p. 121.

25

révolte contre l'autorité, mais une requête de bonheur et de dignité, au nom de l'Évangile. Oui, au nom de la liberté que le Christ nous a chèrement acquise à tous, ils revendiquent l'abolition du servage, la modération des charges ; ils veulent des pasteurs plus proches d'eux et qui leur annoncent fidèlement la parole de Dieu. C'est le cri des pauvres de tous les temps. Ce cri s'élevait du fond de nos campagnes depuis de nombreuses années déjà. Mais personne en haut lieu ne voulait l'entendre. Les grands se bouchaient les oreilles et passaient leur chemin. Et soudain la révolte a éclaté au grand jour ; elle s'est répandue dans tout le pays, avec son visage effrayant. Alors princes, évêques, bourgeois, tout ce qu'il y a de puissant dans la société a pris peur. Il fallait éteindre l'incendie, à tout prix. On le noya dans le sang.

Je suis atterré par ce qui s'est passé. En Alsace, dans cette région que j'ai aimée, des milliers de paysans, assiégés dans Saverne, s'étaient rendus. A peine avaient-ils déposé les armes qu'ils ont été lâchement massacrés comme du bétail. Imaginez l'horrible boucherie et le désespoir des familles en apprenant la nouvelle. Que de sang et de larmes !

Quant aux rescapés de ces massacres, ils sont retournés à leurs terres ; mais, croyez-moi, ils n'ont pas trouvé de granges assez vastes ni de caves assez profondes pour y renfermer la moisson de haine qui a mûri dans leurs cœurs. »

Maître Mathis se tut. Manifestement il cherchait à dominer son émotion. Mais celle-ci trop forte éclata :

« On a tué l'espérance des pauvres, s'écria-t-il, et moi je serais revenu à la cour brillante et insouciante du Grand Électeur, comme si rien ne s'était passé ! Quel homme aurais-je été ! Il est écrit dans la Bible : "Lorsqu'ils mangent, c'est mon peuple qu'ils dévorent." Quand j'ai compris cela, Hans, la colère de Dieu m'est entrée dans le corps, comme la foudre. J'ai hurlé et j'ai fui loin de cette peste dorée. J'ai choisi le Christ aux outrages. »

Il s'interrompit. Puis, plus calme, il reprit : « Pour moi, c'est fini. Il est dur, Hans, de savoir que tout est fini. Il y a des heures où je suis déchiré. La terre me paraît bien sombre. Et le ciel lui-même a perdu sa lumière. Je ne sais plus où j'en suis. »

Une infinie douleur passait dans cette confidence. Le silence s'installa entre les deux hommes. Un silence insupportable. Hans percevait le drame qui se jouait dans le cœur de son ami. Il se demandait comment lui venir en aide. Il aurait tant voulu l'arracher à sa nuit.

« Qu'allez-vous devenir maintenant ? demandat-il enfin. Fabriquer du savon, ce n'est pas un travail pour vous. Vous avez d'autres compétences. Vous êtes ingénieur des eaux. On vous a chargé jadis de contrôler les fontaines du château de Bingen.

— Oui, c'est vrai. Et vous me rappelez qu'au printemps dernier le Conseil de Francfort, sur la demande de celui de Magdeburg, m'a autorisé à réviser un moulin sur le Main. Il s'agit, paraît-il, d'un travail assez important, en raison des multiples fonctions de l'ouvrage. Mais j'attends.

— Qu'attendez-vous donc ? demanda Hans. Il

n'y a pas à hésiter un seul instant. Voilà un travail qui vous convient et où vous pourriez déployer votre ingéniosité. Vous imiteriez en cela Léonard de Vinci, ce peintre fameux dont le génie, loin de se limiter à la création artistique, scrute les secrets de la nature, invente des machines et fait avancer le règne de l'homme sur le monde par la science et la technique.

— Je ne suis pas Léonard, répliqua vivement maître Mathis. Explorer la nature, ouvrir des voies nouvelles à la science et à la technique, c'est là sans doute une tâche noble et passionnante. Plus jeune, je fus tenté de me lancer sur cette route. Je ne suis pas étranger à l'esprit de notre temps. Mais un autre souffle est passé sur ma vie et il a été le plus fort.»

Et, de nouveau, ce fut le silence entre les deux amis. Enfin Hans suggéra : « Si vous veniez vous installer à Halle...» Et guettant la réaction du peintre, il ajouta :

« Nous sommes là-bas un groupe d'amis très unis. Nous prendrions soin de vous.

— Vous êtes bien gentil de penser à moi, répondit Mathis, j'en suis très touché et vous en remercie. Pour l'heure, je préfère rester ici. Je ne suis pas d'ailleurs le plus à plaindre. Savez-vous ce qu'ils ont fait à Tilman Riemenschneider, cet homme qui a passé toute sa vie à sculpter le visage du Christ, de la Vierge et des Apôtres ? Ils l'ont arrêté, emprisonné, torturé, privé de ses biens et de ses droits. Et cela, tout simplement parce qu'en qualité de bourgmestre il ne s'est pas opposé aux paysans par la violence.

— C'est révoltant, grommela Hans.

— Une fois de plus, on a crucifié le juste, repartit Mathis.

— Le christianisme de nos princes n'a rien à voir avec l'Évangile, remarqua Hans.

— Connaissez-vous le dernier tableau que j'ai peint avant de quitter la cour? C'est une déposition du Christ, destinée à la collégiale d'Aschaffenburg. Jamais je n'ai peint l'abandon du Christ avec un tel dépouillement. Sur ce tableau, le corps du Crucifié vient d'être descendu de la croix. Il est étendu au sol. Seul, immensément seul. A l'entour, ni personnage ni paysage. Seulement deux mains au-dessus de sa tête, celles de sa mère qui est agenouillée à ses côtés, mais dont on ne voit pas le visage. Deux pauvres mains impuissantes. Deux mains fragiles mais fidèles. Elles se joignent, s'étreignent, se tordent même de douleur, tandis que les pans du manteau de la Vierge forment, en tombant, comme une tente sous laquelle le Christ semble dormir. C'est le soir du Vendredi saint. Dans le crépuscule glauque, il ne reste au pied de la croix que ce dialogue muet entre les mains tourmentées de la mère et le visage endormi du fils. C'est l'heure où naît, dans le cœur des pauvres, la foi au Dieu qui ressuscite les morts. Et la veillée funèbre se change peu à peu en une vigile pascale.

— Je ne connais pas ce tableau, dit Hans. Mais il doit être très beau.

— J'ai voulu, reprit Mathis, souligner encore le dépouillement de la scène, en faisant éclater par contraste, aux deux extrémités du tableau, le riche

29

coloris des blasons de la cour. J'ai placé ceux-ci bien ostensiblement, l'un tout contre la tête couronnée d'épines, l'autre aux pieds du supplicié, comme deux fanaux projetant leurs feux sur la dépouille sombre. Mais quand j'eus fini de peindre, je m'aperçus que l'effet obtenu était tout différent. La vraie lumière venait du corps du Christ ; et elle faisait apparaître le faux clinquant des blasons et leur éclat de pacotille. Épées, roues, animaux héraldiques, lions, aigles et chapeau de cardinal, bref, tout le bal masqué de la puissance et de la gloire tournait ici à l'insignifiance. Ce n'était plus que bariolage et oripeau, au regard de la majesté du Crucifié reposant dans une paix infinie. »

Le soleil ne brillait plus maintenant dans l'atelier du peintre. Les taches de couleurs sur la palette s'étaient éteintes. L'ombre envahissait la pièce où les deux amis se tenaient dans un religieux silence. La crucifixion inachevée s'estompait. Seul ressortait le corps phosphorescent du Crucifié. L'atelier était rempli par cette présence immense.

« Voici venir la nuit, dit Hans.

— Vous avez sans doute l'intention de rester quelques jours à Francfort ? demanda Mathis.

— Oui, répondit Hans. Je suis descendu à l'auberge « l'Aigle noir », sur la grande place. Voulez-vous que nous passions ensemble la journée de demain ? J'ai l'intention de visiter la foire.

— Très volontiers, Hans.

— Nous pourrions continuer nos échanges tout en nous promenant et en vaquant à nos affaires.

— Avec plaisir.

— Alors, à demain ! »

Le Chevalier et la Mort

Le lendemain matin, Hans Plogk vint chercher son ami. Une grande animation régnait dans les rues pavoisées qui conduisaient à la foire. Cette exposition commerciale était un sommet de l'année. La ville devenait, pour quelques jours, le lieu de rencontre des marchands et des négociants les plus importants de toute l'Europe. La foire de Francfort avait vraiment un caractère international. On y voyait exposés aussi bien les draps des Flandres que les cuirs de Cordoue ou les broderies des pays scandinaves. Les derniers ouvrages imprimés en Allemagne y étaient présentés. Un grand choix de produits et d'objets fabriqués s'offrait aux visiteurs et leur permettait de se faire une idée des dernières nouveautés dans tous les domaines. La foire était aussi un centre d'attraction pour toute la population de la région. C'était la fête avec son déploiement de couleurs, ses drapeaux, ses musiques, ses distractions, ses spectacles et tout son tintamarre. Sous le soleil de septembre, il faisait bon flâner au milieu de ce joyeux brouhaha. Des cercles de badauds se formaient çà et là autour des bateleurs ; les gens riaient aux éclats en écoutant les débiteurs de boniments ou s'extasiaient devant les tours mirobolants des saltimbanques. Ici on achetait des galettes anisées ; là on se pressait autour des marchands de saucisses que l'on faisait frire en plein air. Tout à côté, la bière coulait à flots des tonneaux juchés sur des estrades.

Il y avait beaucoup de bourgeois et d'artisans parmi les visiteurs. Beaucoup de gens du peuple aussi, mais assez peu de paysans. Mathis le remarqua tout de suite. « Ils se terrent, pensa-t-il ; ils soignent leurs plaies et cachent leur misère. Comment auraient-ils le cœur à la fête ? »

Hans Plogk était allé tout droit aux expositions de broderie. C'était sa partie. Il considérait attentivement les différents modèles ; il admirait, palpait, relevait tel dessin original, remarquait les procédés de fabrication, s'informait des prix, discutait avec les marchands. Mathis, lui, s'attardait devant les étalages de colorants ; il promenait de longs regards d'envie sur les moulins à broyer les couleurs ; il les observait de près, surtout les nouveaux modèles.

La journée aurait pu se poursuivre ainsi tout

prosaïquement pour les deux hommes, en allant d'une curiosité à l'autre, d'étal en étal. Rien ne serait sorti du cadre ordinaire de la visite d'une foire. Mais soudain le regard du peintre fut frappé par une exposition de gravures. Parmi celles-ci figurait en bonne place l'œuvre de A. Dürer, *le Chevalier, la Mort et le Diable*. Maître Mathis tomba en arrêt. Pour lui, la foire était terminée ; plus rien au monde n'existait que cette gravure. Il la connaissait déjà pour l'avoir vue en une autre circonstance. Et cependant il la fixait du regard comme s'il la découvrait pour la première fois. Ses yeux fascinés flambaient d'admiration. La parfaite maîtrise du style, le traitement des lignes qui ne se contentent pas de souligner les formes, mais qui s'enflent ou s'effilent pour donner à chaque élément vie et force, captivaient son attention et le jetaient dans l'émerveillement. Toutefois ce n'étaient pas seulement les qualités exceptionnelles du graphisme qui, dans cette œuvre, envoûtaient le peintre. C'était aussi le sujet lui-même. Les symboles dont la gravure est chargée l'interpellaient par la profondeur de leur message. Les fibres secrètes de son être vibraient et frissonnaient, comme les feuillages dans la forêt quand un vent de tempête s'y engouffre.

Un obscur pressentiment de sa fin prochaine entrait-il dans la fascination qu'exerçait en cet instant sur maître Mathis la rencontre du Chevalier et de la Mort ? Toujours est-il que c'était bien le destin de l'homme, qui s'imposait à lui dans la figure de ce Chevalier de Dürer. Casqué, cuirassé, le Chevalier s'avance sur sa monture, la lance à l'épaule, l'épée au côté. Ce n'est pas un tout jeune homme, mais un homme d'âge mûr, au visage durci par les luttes. Son cheval est puissant, superbe. Et voici que surgit sur le chemin la figure hideuse d'un vieillard barbu et couronné ; des serpents enlacent son cou, s'enroulent et sifflent autour de sa tête décharnée. Ce personnage fantomatique, effrayant, chevauche une haridelle qu'il pousse au travers du chemin pour couper le passage au Chevalier. Il brandit une clepsydre ; il la tient bien en évidence, comme un ostensoir, pour que le Chevalier la voie et perde cœur. Tout dans ce personnage affreux semble dire à l'homme qui s'avance ici en solitaire : « Halte ! Route barrée. Tu ne peux aller plus loin. Ton effort est vain, ton temps révolu. Renonce à tes espérances, à tes rêves. Regarde : la clepsydre se vide ; tu es un être fini. Tu m'appartiens déjà. Je suis la Mort qui nivelle tout. »

La Mort ! Oui, c'est bien à elle que le Chevalier a affaire ici et maintenant. La Mort qui ramène toutes choses à l'insignifiance, au silence, au néant. Elle a choisi ce lieu sinistre pour apparaître. Un véritable coupe-gorge. Le rocher tombe à pic ; quelques arbres déchiquetés s'accrochent désespérément à cette muraille ébréchée. Des racines pendent dans le vide. Des troncs mutilés dressent leurs moignons contre le ciel. Une tornade est passée par là. La Mort règne en ce lieu de désolation ; elle y a planté partout sa griffe.

Et les serpents, autour de la tête du vieillard,

sifflent leur funèbre cantilène : « Ici commence le sombre défilé où cesse toute vie. A quoi bon lutter, Chevalier ? Regarde contre quoi bute le sabot de ton cheval : le chemin est semé de crânes. D'autres, avant toi, ont essayé de passer ; ils espéraient forcer le destin. Vois ce qu'il en reste et comprends ce qui t'attend. Renonce à tes vastes pensées, à tes nobles desseins, à tes rêves d'immortalité. Abandonne les cimes. L'homme est un combat inutile. Sa volonté de dépassement, une chimère. Rebrousse chemin, retourne vers la plaine à tes petits plaisirs, avant qu'il ne soit trop tard. Conseils d'amis. »

Et tandis que la Mort s'efforce de distiller son venin dans l'âme du Chevalier, voici que se dresse dans son dos la figure porcine du Diable. La bête immonde porte sur l'occiput une corne triomphale en forme de croissant. De longues oreilles lui pendent, comme des avirons, de chaque côté de la tête. Déjà la bête renifle sa proie. Elle écarquille les yeux et, de contentement, dodeline son groin au-dessus de la croupe du cheval. Elle se sent un appétit énorme.

Mais le Chevalier est de bronze. Pas le moindre frisson d'horreur ou d'épouvante. Il semble même ne pas voir l'apparition terrifiante sur son chemin ni sentir, dans son dos, l'haleine fétide de la bête encornée. Son cheval non plus ne donne aucun signe de frayeur : calme sous la main qui le guide et qui ne tremble pas, il continue sa marche comme si de rien n'était, sans le moindre écart. Il va d'un pas sûr et fier, comme à la parade. Et le Chevalier passe, malgré tout. Vainqueur de la Mort, vainqueur du Diable.

D'où lui vient cette force tranquille ? Quel est le secret de sa victoire ? Le secret, il faut le chercher dans les hauteurs. La visière relevée du casque du Chevalier pointe vers des cimes sur lesquelles se dresse, dans la lumière, une cité de rêve. C'est là, sur ces sommets intacts, que campe déjà l'esprit du Chevalier. Il y contemple la Jérusalem céleste ou la société à venir. Cette vision qui l'absorbe tout entier le porte en avant. C'est elle sa véritable monture et son armure et sa lance et son épée. L'homme contemple et il avance, invulnérable. Voilà le secret de sa maîtrise. Rien ne l'arrête et rien ne le trouble. Ni la Mort ni le Diable. Et pourquoi les redouterait-il ? Tout entier à sa méditation, il ne les voit même pas. Par la puissance de sa vision intérieure, il engendre lui-même sa propre délivrance.

Maître Mathis contemplait longuement cette gravure. Il ne parvenait pas à s'en détacher. Et quand enfin il reprit sa marche à travers l'exposition, son regard intérieur n'en continua pas moins de fixer l'image du Chevalier. A l'auberge où il descendit avec son ami Hans, pour le repas de midi, il se montra grave, silencieux, au milieu du brouhaha général, indifférent à ce qui se passait autour de lui. Il était ailleurs. Manifestement la foire ne l'intéressait plus. Le reste de la journée, malgré la compagnie de Hans, il erra solitaire parmi la foule, marchant au côté du Chevalier, face à la Mort.

Une exposition d'ouvrages imprimés le tira enfin de son rêve. Un livre surtout réveilla son attention. C'était le Nouveau Testament traduit par Martin Luther. Mathis le feuilleta. La traduction était faite sur la base du texte grec publié quelques années plus tôt par Érasme de Rotterdam. Hans remarqua le vif intérêt que son ami portait à cet ouvrage. « Permettez-moi, lui dit-il, de vous l'offrir. » Le visage du peintre s'illumina, à la fois souriant et confus comme celui d'un enfant à qui l'on vient de faire une heureuse surprise et qui s'étonne de ce qu'on a deviné son désir le plus secret. Maître Mathis ne savait comment remercier son ami. Comme le soir tombait, les deux hommes quittèrent la foire. Hans raccompagna le peintre jusqu'à « la Licorne ».

La Tentation de saint Antoine

Après le départ de Hans, Mathis se retrouva seul. Il n'avait jamais craint la solitude, au contraire. Mais ce soir, celle-ci avait perdu son visage rassurant. Ce n'était pas la solitude, pleine de ferveur, des heures de création, quand votre ange qui voit Dieu se penche sur votre épaule et vous inspire. Ce n'était pas non plus la bonne solitude des soirées de détente, au milieu des objets familiers, auprès de la lampe fidèle et fraternelle. C'était une solitude étrange, redoutable : celle du Chevalier qui a rendez-vous avec la Mort.

La gravure de Dürer le poursuivait et continuait de le hanter. Elle avait réveillé en lui un fond d'angoisse. Le peintre exilé voyait le sablier de sa vie se vider. Et, dans le silence du soir, il entendait les serpents lui siffler à l'oreille : « Ici commence le sombre défilé où cesse toute vie ; tu es un homme fini ; tes espérances sont mortes. » N'était-il pas, en effet, un homme prématurément vieilli, à la santé déclinante, aux énergies brisées ? La répression qui s'était abattue sur les pauvres gens des campagnes l'avait profondément meurtri et démoralisé. Il avait épousé leur cause à fond.

Le peintre s'approcha de la fenêtre de sa chambre. La nuit était venue. L'éclat morne de la lune se répandait sur la ville. Églises et beffroi dressaient leurs masses grises et luisantes. Dix heures sonnèrent à la grosse tour de la collégiale. Dix coups mesurés, graves, lugubres comme un glas. Chaque coup allait se répétant par toute la ville, de clocher en clocher, de tour en tour. Puis le chant du veilleur s'éleva. La voix solitaire semblait convoquer tous les fantômes de la nuit. Un chien hurlait quelque part à la mort. Un homme ivre, chassé d'une auberge, se mit à brailler son délire aux étoiles. Enfin tout rentra dans le silence.

Mais, pour Mathis, ce silence devint vite insupportable. Il allait et venait dans la chambre, touchant de la main au passage ici la table, là une chaise ou le mur, comme s'il quémandait instinctivement auprès de ces humbles choses matérielles qui l'entouraient l'appui et la sécurité qu'il ne trouvait plus en lui. Tout s'était effondré dans sa vie. Il n'avait plus de place définie et sûre dans la société. Il était ballotté comme une épave que l'ouragan roule la nuit sur les flots noirs.

Ce n'était pas la première fois que le peintre éprouvait ce sentiment de vide et d'abandon avec le tourment qui l'accompagne. Il était coutumier d'une certaine mélancolie. Chez lui, les heures d'impulsion créatrice et d'exaltation intérieure alternaient avec des périodes de dépression, dominées par un sentiment de fragilité et d'inquiétude. Sa foi et son art se nourrissaient d'ailleurs de ce fond tragique et de cette déréliction. L'une et l'autre jaillissaient d'un grand besoin de rédemption. Mais, ce soir, il n'y avait pas de salut à l'horizon.

La gravure de Dürer lui revenait sous les yeux. Elle s'imposait avec une sorte de violence qui lui faisait mal. A vrai dire, l'image splendide du Chevalier l'insultait. Non, il n'était pas cet homme héroïque qui, sans broncher, affronte les puissances de la Mort et de l'Enfer. Il ne se reconnaissait pas dans cette figure surhumaine qui n'a pas besoin de rédemption, qui engendre elle-même sa délivrance par la seule force de la pensée et de la contemplation.

Combien se sentait-il plus proche, à cette heure, de saint Antoine l'ermite, dont il avait peint jadis l'horrible lutte sur un des volets du retable d'Issenheim ! Oui, cet homme sans cuirasse, sans armes, renversé, gisant à terre, en proie au déferlement de l'Enfer, ce pauvre homme était bien son frère. Et n'était-il pas aussi le frère de tous les pauvres gens humiliés ?

Peu à peu *la Tentation de saint Antoine* se subs-

41

titua dans son esprit à l'image du Chevalier de Dürer. Elle lui semblait tellement plus vraie ! Plus fidèle au destin de l'homme, à son propre destin. Le peintre revoyait son tableau dans les moindres détails. Ce n'était pas seulement un souvenir. Cette *Tentation* était devenue une réalité dont il éprouvait la vérité tragique. Ce qu'il avait peint une quinzaine d'années auparavant, voici qu'il le vivait à présent.

Il y a des tentations banales, grossières. Celle de saint Antoine est d'une autre qualité. Elle ne s'adresse pas seulement aux sens ; elle s'attaque à ce qu'il y a de plus intime et de plus profond dans l'homme : à sa foi. Selon saint Athanase qui a écrit la vie d'Antoine, les démons avaient épuisé toutes les tentations courantes contre le solitaire, mais en vain. L'homme de Dieu résistait. Aucune séduction n'avait de prise sur lui. Alors l'Enfer tint conseil et décida de frapper un grand coup en visant directement la foi d'Antoine. Il s'agissait de ruiner la confiance du saint en Dieu. Et, pour cela, les démons entreprirent de déchaîner en son âme un sabbat indescriptible, une tempête de frayeur et d'angoisse qui devait entraîner le naufrage de toutes les certitudes.

Une telle épreuve est sans doute identique, en son fond, à celle que rencontre le Chevalier de Dürer. De part et d'autre, l'homme affronte les puissances infernales et l'angoisse de la mort. Mais quelle différence dans le comportement ! Quel contraste entre la fière allure du Chevalier qui, impavide sur son cheval, passe le défilé de la mort, et la culbute pitoyable d'Antoine, telle que l'a peinte maître Mathis ! Antoine est renversé à terre. Une meute de monstres se rue sur lui, sans aucun égard pour son noble visage de patriarche ni pour son grand manteau bleu ciel. Ils le tirent par les cheveux, lui arrachent sa cape et s'apprêtent à lui assener le coup fatal. Vraiment Antoine n'en mène pas large. S'appuyant sur un bras, il tente de se protéger de l'autre. Il est encore intact. Mais livré à ses seules forces, il est manifestement perdu. C'en est fait de lui. De sa vie et de sa dignité. L'Enfer tout entier est là ; il a mobilisé ses réserves. Il hurle de triomphe. L'homme de Dieu gît à terre. C'est l'hallali et déjà la curée.

Ce qui se déchaîne ici, ce n'est pas la ménagerie de nos vices. Cette orgie de monstres, aux figures plus terrifiantes les unes que les autres, ne cherche nullement à séduire. En fait de séduction, les diableries de Jérôme Bosch sont autrement convaincantes et aguichantes. Il ne s'agit pas ici de séduction mais d'agression. L'Enfer, sur ce tableau, s'appelle épouvante. Ces becs, ces cornes, ces griffes et ces gueules béantes qui cherchent à déchirer et à dévorer, sont le visage hallucinant et cauchemardesque de l'angoisse, d'une angoisse telle qu'elle ruine toute confiance et détruit tout espoir de salut.

Il faut absolument que le saint homme perde pied, qu'il lâche prise et coule dans un désespoir sans fond. Ainsi en a décidé le conseil infernal : « Inspirons-lui une frayeur sans pareille. Menaçons-le de ce mal terrible et repoussant qu'on appelle précisément *"le feu de saint Antoine"*. Qu'il voie ce qu'il va devenir lui-même s'il continue à nous narguer : un corps dégoûtant, au ventre gonflé, aux chairs verdâtres où bourgeonnent pustules et boutons sanguinolents. Regarde, Antoine, cet individu misérable qui hurle de douleur à tes côtés dans sa pourriture. Voilà le sort qui t'attend. »

D'autres saints ont connu pareilles frayeurs. François d'Assise par exemple. Lorsqu'au début de sa conversion, celui-ci se retirait pour prier dans la solitude d'une grotte, le diable le troublait en évoquant dans son esprit l'image d'une affreuse bossue qui hantait à cette époque les abords de la ville et faisait fuir tout le monde à son approche ; et il le menaçait de la même difformité, s'il persistait dans son projet de vie pénitente.

Sur le tableau de maître Mathis, une maison achève de brûler à l'arrière-plan. C'est la maison de l'ermite. Il n'en reste plus que les murs et la charpente calcinée sur laquelle s'acharne, avec une dernière rage, un commando d'anges noirs, vrais ramoneurs du désespoir. Cette maison est beaucoup plus qu'une simple construction de pierre et de bois, ravagée par l'incendie. Elle symbolise une sécurité intime anéantie ; elle est l'image de la demeure intérieure, mise à sac avec toutes ses certitudes. Saint Antoine peut dire comme le Psalmiste : « Mon foyer m'est arraché, éventré, roulé comme la tente du berger. » Cette fois, il ne lui reste plus rien pour abriter sa confiance. Il est dépossédé de tout, jeté dans le vide. De quelque côté qu'il se tourne, c'est l'absence de tout appui et de tout signe. Alors s'élève le gémissement du pauvre dans le désert. Cette plainte, rapportée par saint Athanase, maître Mathis l'a inscrite fidèlement sur un billet au bas de son tableau : « Où étais-tu, bon Jésus, où étais-tu ? Que n'étais-tu là pour guérir mes blessures ? » « Où étais-tu ? », ce cri de détresse, où passe le sentiment de l'absence et de l'abandon, comme il résonnait profondément ce soir dans l'âme du peintre ! « Oui, où étais-tu, quand on écrasait et tuait les pauvres gens, quand on étouffait leur appel à plus de justice et de liberté, et que l'on brûlait leurs maisons à travers les campagnes ? »

On ne comprend bien que ce qu'on expérimente soi-même. Dans la vie de maître Mathis, tout était dévasté. Hier jeune, beau, entouré et estimé, il était aujourd'hui la hulotte des ruines. Vieilli et oublié. Peintre désormais sans commandes, sans argent, sans espoir, réduit à fabriquer du savon pour vivre. Des liens qu'il croyait sûrs et infrangibles s'étaient brusquement déchirés. Bien plus, sa foi religieuse elle-même était mise à rude épreuve. Au fond de son âme, dans la part la plus secrète, se révélait une sorte de désespoir tout à fait étrange. Un désespoir tel qu'il n'osait le regarder en face : c'était comme le délaissement et les ténèbres hors de Dieu.

L'Église qu'il avait jadis peinte rayonnante, sous les traits d'une merveilleuse cathédrale gothique, dans un tableau consacré à la Vierge, voici qu'elle lui apparaissait aujourd'hui comme un vaisseau échoué : une nef vide, éclatée. Elle ne portait plus l'espérance des pauvres. Quant aux prophètes de la Réformation, qui avaient fait naître tant d'espoir en revenant à la Parole libératrice, eux aussi avaient pris le parti des princes contre les pauvres gens. Avec une violence inouïe, ils avaient voué les gueux au diable et au massacre. Et comme Antoine l'ermite, les misérables avaient roulé à terre, dans leur sang.

On avait dit aux pauvres gens qu'il fallait revenir à la Parole de Dieu, à la Parole « pure et limpide », qu'elle seule les sauverait et les rendrait libres. Eh bien! ils y étaient revenus et ils avaient compris que l'Évangile, c'était la liberté et l'égalité de tous les enfants de Dieu, et que par conséquent on ne pouvait plus les considérer comme des êtres inférieurs et les traiter comme des « serfs ». Non seulement ils avaient compris cela, mais ils s'étaient mis à le proclamer bien haut, comme une joyeuse nouvelle que tous leurs frères dans la foi devaient entendre et accueillir avec empressement. « Jusqu'à ce jour, disaient-ils dans leurs *XII Articles*[1], c'était l'usage de nous considérer comme des gens attachés à la glèbe, ce qui est lamentable, puisque le Christ nous a tous sauvés et rachetés en répandant son sang précieux, le pâtre tout comme le plus grand, personne excepté. Ainsi l'Écriture nous apprend que nous sommes libres, et nous voulons l'être. Ce qui ne veut pas dire que nous rejetons toute autorité et que nous sommes libres absolument... »

---

1. Cf. le *Texte des XII Articles de Souabe*, à la fin de l'ouvrage, p. 121.

« Nous sommes libres et nous voulons l'être... » En ces jours d'avril 1525, ce cri, mille fois répété le long des haies fleuries, courait d'assemblée en assemblée, à travers les campagnes, tel un souffle printanier plein de promesses. Tout redevenait possible. Un nouvel avenir s'ouvrait. C'était vraiment Pâques dans sa nouveauté et sa plénitude : on passait de l'esclavage à la liberté des enfants de Dieu.

Or voici que ceux qui les avaient appelés à se libérer en revenant à l'Évangile, se retournaient maintenant contre eux. Ils les morigénaient vertement, avec dédain, et vilipendaient leur prétention à la liberté : « N'est-ce pas faire de la liberté chrétienne une chose toute charnelle ? leur déclaraient-ils. Un serf chrétien possède la liberté chrétienne. Ce n'est pas l'esprit mais la chair et le sang qui s'émeuvent en vous. » Ce qui, en clair, voulait dire : « Vous n'avez rien compris ; vous raisonnez comme vos bêtes. »

Qu'était-ce donc cette liberté chrétienne qui devait rester enfermée dans le cœur de l'homme, sans rien changer à sa condition sociale, sans rien déranger à ses rapports sociaux ? Cette liberté qui permettait à une classe de privilégiés d'exploiter leurs frères, en les maintenant dans une condition inférieure ?

Les paysans n'avaient pas fréquenté les écoles ; ils n'avaient pas étudié la théologie dans les universités. Mais ils étaient de ces humbles et de ces pauvres à qui la Bonne Nouvelle est adressée. Et ils avaient tout de suite compris ce que les clercs et les princes étaient incapables de comprendre, à savoir que la venue du Royaume de Dieu passait nécessairement par une transformation de la société, par une authentique libération humaine, et que, dans le Christ, le peuple de l'ombre et de la détresse était appelé à un monde fraternel et sauvé.

Cette prise de conscience, par les pauvres gens, de la dimension sociale du salut était apparue à maître Mathis comme une effusion de l'Esprit sur le monde. Mais que restait-il aujourd'hui de cette nouvelle Pentecôte ? Les habitants des campagnes gisaient au sol, terrifiés, tandis que les démons du désespoir dansaient et ricanaient au-dessus d'eux avec des yeux de granges incendiées. Et comme Antoine, les misérables pouvaient dire : « Où étais-tu, bon Jésus ? » Mathis, lui aussi, murmurait la même plainte. Et il se demandait si aujourd'hui il aurait encore l'audace de peindre, au-dessus de la lutte d'Antoine, un ciel lumineux où apparaît la gloire du Seigneur. A la place, il écrirait plus volontiers en lettres de feu la terrible question que le psalmiste posait déjà au Très-Haut : « Es-tu l'allié d'un pouvoir corrompu qui engendre la misère au mépris du droit ? »

Les heures s'écoulaient dans la nuit. Perdu dans ses pensées, le peintre solitaire se rappela soudain le passage du prophète Isaïe : « On me crie de Séïr : "Veilleur, où en est la nuit ? Veilleur, où en est la nuit ?" Et le veilleur de répondre : "Le matin vient mais aussi la nuit"... » Dans le silence de la chambre, seule la petite flamme de la lampe semblait vivre ; elle tenait tête aux ténèbres ; elle tremblotait par moments. Il arrivait même qu'un souffle invisible la couchât ; mais aussitôt elle se redressait. Hardiment, inlassablement. Maître Mathis laissait son regard errer sur cette petite flamme têtue et fidèle. Et il se demandait ce que pouvait signifier pour lui, à cette heure de sa vie, la parole du veilleur : « Le matin vient mais aussi la nuit. »

L'Enchantement du Vendredi saint

Lorsque Hans revint à « la Licorne », deux jours plus tard, pour prendre congé de son ami, il le trouva en train de peindre. L'artiste travaillait à cette crucifixion que personne n'avait commandée. Il peignait « par nécessité intérieure », comme il l'avait dit. En pleine ferveur créatrice, il ne remarqua pas l'arrivée de Hans. Celui-ci, surpris et bouleversé par ce qu'il voyait, s'arrêta et retint son souffle. La Passion du Christ semblait revivre sur les traits du peintre. Ce n'était pas seulement de la compassion qui se lisait sur ce visage, mais un effort surhumain, presque désespéré, pour s'élever à la hauteur du sujet et en prendre les vraies mesures. L'artiste paraissait à la fois comme écrasé et soulevé par cela même qu'il voulait exprimer. C'était le visage douloureux et rayonnant de François d'Assise contemplant le Crucifié sur l'Alverne. Hans songea un instant à se retirer, sans bruit, sur la pointe des pieds, pour ne pas profaner ce lieu par une présence importune. Mais il ne pouvait décemment quitter Francfort sans dire « au revoir » à son ami. Il attendit quelques secondes qui lui parurent une éternité. Le spectacle du peintre luttant avec l'invisible devenait presque insoutenable. Hans eut alors le sentiment d'outrepasser les limites permises et de violer le sanctuaire d'une intimité. Il n'y tint plus et, comme un enfant qui veut se faire pardonner, il s'approcha gauchement du maître, en balbutiant mille excuses. Surpris, le peintre eut un léger sursaut. Puis, avec un sourire où se mêlaient la douleur et la bonté, il dit à son ami : « Vous partez déjà ! Que c'est dommage ! Nous aurions encore tant de choses à nous dire ! Asseyez-vous donc là quelques instants. Regardez cette crucifixion. Qu'en pensez-vous ? Je la voudrais plus expressive, à la fois plus vigoureuse et plus intérieure. » Après un silence, il ajouta : « Elle sera la compagne de ma solitude. »

Hans regarda l'œuvre longuement. Puis il dit : « Elle sera encore plus tragique que les précédentes. Vous peignez la mort du Christ en croix comme une scène de désespoir ! »

Mathis ne répondit rien. Il se remit à peindre. Au bout d'un moment, il s'arrêta net ; et, le pinceau levé, il fixa son ami d'un regard presque dur. « La crucifixion du Christ, dit-il, n'est pas une scène de désespoir, mais elle n'est pas non plus une scène pieuse, édifiante. Elle en est même tout le contraire. La mort du Christ en croix est la destruction de toutes nos images pieuses, édifiantes. Elle est l'éclatement et la déroute de toutes nos représentations de Dieu. Scandale et folie, voilà ce qu'elle est ! »

Puis il continua : « Selon les évangiles, les adversaires de Jésus disaient, en ricanant au pied de la croix : "Il comptait sur Dieu, il a mis sa confiance en lui ; eh bien ! que Dieu le délivre maintenant, qu'il le sauve, puisqu'il est son ami !" Croyez-moi, Hans, il n'y avait pas que les adversaires de Jésus à penser cela. Toutes les âmes pieuses qui avaient suivi le Maître et qui s'étaient attachées à lui le pensaient aussi. Aucun juif pieux ne pouvait penser autrement. Aucun ne pouvait accepter ni comprendre la mort du Juste. Tous les disciples, tous les amis de Jésus ont attendu une délivrance de dernière heure, de dernière minute. N'y allait-il pas de l'honneur de Dieu lui-même ? Le Tout-Puissant se devait de sauver son serviteur, son ami, son Fils. C'était dans la logique de la Loi, selon la justice de la Loi. L'innocent, le juste ne pouvait pas subir la mort de l'impie. Dieu allait certainement intervenir en sa faveur, prendre sa cause en main et faire éclater son innocence, son bon droit.

Or rien de tel ne s'est produit. Rien que le grand cri du Fils dans l'immense nuit de la mort. Mort comme le dernier des maudits. Abandonné, excommunié. C'est l'heure où les ténèbres couvrent la terre, où le voile du Temple se déchire et où les rochers eux-mêmes se fendent. Quelque chose d'énorme et d'irréversible vient de se passer. La trace du sacré est devenue méconnaissable en ce monde. Toutes les pistes sont brouillées. Le vieux monde religieux, celui de la Loi et de la Gloire, s'est écroulé, provoquant l'éclipse totale de Dieu. Là où le Juste est crucifié, Dieu aussi est mort.

— Maître, dit Hans après un temps de silence, tous ceux qui ont vu votre grande crucifixion du retable d'Issenheim ont été frappés par son aspect tragique et funèbre. Certains disent même qu'il doit y avoir du fossoyeur chez son auteur, une sorte de volupté de la mort.

— Une volupté de la mort ! Certainement pas, repartit l'artiste, mais ils n'ont pas tout à fait tort de penser que j'ai peint dans cette œuvre le naufrage d'un monde. Sur fond d'apocalypse où l'on distingue à peine un lambeau de paysage crépusculaire, tant la nuit est profonde, la croix se dresse grossièrement équarrie, barrant le ciel de toute son envergure. Une lueur livide, comme celle d'un éclair lointain, découvre le corps du supplicié. Celui-ci pend, démesuré, avec une violence qui fait ployer la barre transversale de la croix. Sous les chairs éclatées et bleuissantes, le squelette ressort déformé, disloqué par la torture. La tête du Crucifié, coiffée d'un énorme bonnet d'épines, tombe, bouche béante. Au bout des bras tendus à l'extrême, les mains s'ouvrent, s'étirent dans un dernier effort, comme pour saisir l'insaisissable ;

mais les doigts se recroquevillent et se figent dans le vide. Le Christ est mort. Mort dans un obscurcissement total de la face de Dieu.

Le peintre se tut un instant, puis reprit :

« Devant cette mort atroce, Marie, la mère de Jésus, qui se tient debout, perd cœur. Toute blême dans sa longue cape blanche, elle défaille et se raidit dans les bras de Jean, le disciple préféré, qui la soutient. La blancheur de son vêtement, qui éclate dans la nuit contre le manteau rouge de l'apôtre, lui donne un aspect fantomatique. Marie Madeleine, à genoux au pied de la croix, le corps rejeté en arrière tel un arc tendu, lance ses mains jointes vers le Crucifié : un geste de naufragé.

— Pourquoi donc cette complaisance dans le tragique et le funèbre ? demanda Hans. Il y a, dans cette description que vous me faites, quelque chose de déroutant et de choquant. Pour un croyant, le Calvaire ne peut être simplement un affreux cauchemar. »

Le peintre se taisait. Il paraissait se recueillir. Il revoyait en cet instant, dans les moindres détails, cette grande crucifixion du retable d'Issenheim, comme s'il l'avait sous les yeux. Comme s'il venait de la terminer. A vrai dire, elle ne l'avait jamais quitté. Elle vivait en lui. Aujourd'hui plus que jamais.

« Ce qui frappe, au premier regard, dans ce tableau, dit-il enfin, c'est assurément son aspect tragique et funèbre. Mais là n'est pas le sens de l'œuvre. Si j'ai peint le naufrage d'un certain monde religieux, c'est pour faire apparaître, par

55

contraste, l'instant de la foi, le monde nouveau de la foi. Je vivais alors parmi des malades dont certains étaient incurables. C'est pour eux que j'ai peint cette crucifixion. En pensant à eux. D'autre part, nous étions à la veille de l'éclatement de la Réforme. Et j'avais comme la sensation physique que la terre tremblait, qu'un monde s'effondrait, celui de la vieille Chrétienté ; et je voyais la peur, l'angoisse dans le regard des hommes et des femmes qui m'entouraient. ''Il faut les aider, me disais-je ; non pas en les rassurant humainement, en leur laissant croire que tout va s'arranger, mais en les faisant accéder à l'instant de la foi, au monde nouveau de la foi.''

— Je ne vois pas très bien comment une crucifixion aussi sombre et aussi tragique que celle que vous avez peinte peut engendrer la foi ou la stimuler, objecta Hans.

— Il y a, sur mon tableau, une figure tout à fait inattendue, anachronique même. Elle étonne à première vue. Mais elle joue un rôle capital. Car elle montre comment l'œuvre doit être regardée et comprise. Cette figure est celle de Jean Baptiste. C'est une audace d'avoir mis là le Précurseur. Mais il est bien dans son rôle, comme vous allez le comprendre.

Par son maintien assuré, par son geste affirmatif, Jean s'oppose aux personnages qui, de l'autre côté de la croix, s'effondrent dans la nuit. Ceux-ci sont pris dans la bourrasque des événements ; leur groupe forme comme une grande flamme rouge et blanche que renverse un vent de tempête et de détresse. Mais là où tout chancelle, où l'âme pieuse elle-même ne comprend plus et perd pied en quelque sorte, Jean tient bon ; il se présente imperturbable, inébranlable. Et cependant lui aussi participe à l'événement, mais sur un autre plan et à une autre profondeur.

— Expliquez-moi cela, dit Hans.

— Jean le Précurseur porte, sur le bras gauche, le Livre ouvert des Écritures. C'est du Livre que lui viennent la force et l'assurance : de la Parole de Dieu. Celle-ci est son bouclier et sa lampe. Grâce à elle, il voit clair dans la nuit. Et il nous montre ce qu'il voit, en pointant l'index vers le Crucifié : l'index annonciateur. Cet homme au plus bas de l'abjection et de l'abandon, il le désigne comme la grande théophanie de l'histoire, comme l'accomplissement des prophéties et des figures. Ce Christ dont la tête est prise dans un buisson d'épines, c'est bien lui le bélier qui s'offre à Abraham pour le sacrifice ; c'est bien lui l'agneau pascal dont le sang ouvre à tout le peuple le chemin de la liberté. Voilà ce que Jean voit et affirme, à la lumière de la Parole. Le Précurseur incarne ici le regard de la foi, le combat de la foi : un regard et un combat qui nous mènent bien au-delà de l'émotion du moment et de la compassion aux souffrances du Christ. Au cœur de la nuit, Jean proclame la révélation du Dieu caché.

— Si je vous comprends bien, dit Hans, le personnage de Jean Baptiste est la clef de l'œuvre ; il en donne le sens.

— Oui, tout à fait. Pour saisir pleinement ce

sens, il suffit d'entrer dans le mouvement d'ensemble de l'œuvre. A vrai dire, il y a dans cette crucifixion une tension entre deux mouvements opposés. Le premier mouvement est tout de recul, de rejet en arrière, devant l'horreur du supplice ; il enveloppe les trois personnages qui sont à gauche du tableau. Amorcé par le corps cambré de Madeleine, il se prolonge et s'amplifie dans les lignes fuyantes du manteau de l'apôtre et dans l'attitude renversée de Marie. Avec le geste du disciple qui entoure celle-ci de son bras pour la soutenir, ce mouvement de recul tend à s'enrouler autour de la Mère des douleurs. Laissé à sa dynamique propre, il romprait l'équilibre du tableau, en faisant de Marie le centre émotionnel de l'œuvre ; et cette crucifixion basculerait purement et simplement dans le pathétique.

Mais ce premier mouvement est contrebalancé, de l'autre côté de la croix, par un mouvement symétriquement inversé. Ce dernier part de la petite croix que porte l'agneau aux pieds de Jean Baptiste ; il se poursuit dans les lignes de la ceinture et du manteau du Précurseur pour aboutir à son visage. Et Jean Baptiste par le mouvement de son bras et de son doigt tendu, ramène l'attention vers le centre du tableau, vers le Crucifié. La foi triomphe de la nuit et de l'horreur.

— Je dois vous avouer bien humblement, dit Hans, que la construction de l'œuvre, avec son secret et son sens, m'avait échappé.

— Mais il ne faudrait pas croire, s'empressa d'ajouter l'artiste, que ce regard de la foi nous restitue le Dieu magnifique des religions. Que nous dit le geste de Jean Baptiste ? Il affirme cette chose inouïe : "Dieu se révèle dans l'éloignement de Dieu ; il se tient là où tout crie son absence : dans l'obscurité, la faiblesse, la souffrance, l'humiliation, l'échec, la solitude, la mort." Et ceci encore : "Par son propre abandon par Dieu, le Crucifié donne Dieu aux abandonnés de Dieu." C'est une révélation énorme. »

Maître Mathis se tut un instant, puis il conclut : « Voilà pourquoi ce Christ du retable d'Issenheim ne peut être vraiment compris que des désespérés.

— Mais dites-moi, repartit Hans, pourquoi avez-vous choisi Jean le Précurseur pour être le chevalier de la foi, le héros de l'abîme et de la nuit, celui qui se tient debout là où tous les autres chancellent ?

— Permettez-moi, cher ami, de vous faire remarquer tout d'abord que mon Jean Baptiste n'a rien du chevalier ni du héros. Le chevalier et le héros ne tiendraient pas une seconde là où Jean s'avance hardiment. Dans l'une de mes premières crucifixions, c'était l'officier romain qui remplissait ce rôle de témoin de la foi. J'avais en cela suivi le texte de l'Évangile. L'officier était représenté debout au pied de la croix, droit comme sa lance, invulnérable dans son armure ; il levait le bras et proclamait : "Cet homme était vraiment fils de Dieu." Sur le retable d'Issenheim, je lui ai préféré un homme sans armes ni armure, un homme aux bras nus et aux pieds nus. Jean est vêtu seulement d'un manteau de poil ; il vient tout droit du désert. C'est un fils de l'Exode ou de l'Exil ; il appartient au peuple de la détresse. Seul un regard de pauvre, habitué à l'ombre, peut voir luire, sous un amoncellement de ténèbres, la face cachée de Dieu. Jean le Précurseur est de la lignée de ces pauvres de Yahvé, qui n'ont cessé de chercher Dieu, non du côté de la puissance et de la gloire, mais du côté des humbles et des opprimés, et qui l'ont reconnu sous les traits obscurs du Serviteur souffrant. Jean voit le salut se lever de ce fond de détresse où le Serviteur de Yahvé expire, torturé, abandonné, sans auréole, sans un ange consolateur, dans l'éclipse totale du Dieu magnifique. A ce titre, Jean n'est pas seulement l'homme du passé ; il habite l'avenir du peuple de Dieu ; il est toujours le Précurseur.

— En le choisissant pour être le témoin de cette théophanie de la nuit, observa Hans, vous lui avez donné le rôle qu'il tient dans le prologue du quatrième évangile : ''La lumière luit dans les ténèbres... Un homme vint, envoyé de Dieu ; il se nommait Jean. Il venait en témoin pour rendre témoignage à la lumière.''

— Oui, c'est juste. Jean le premier a désigné Jésus comme ''l'Agneau de Dieu''. Pour rappeler ce témoignage, j'ai peint aux pieds du Précurseur un agneau égorgé ; je l'ai présenté debout, comme dans l'Apocalypse, en signe de victoire. Cet agneau évoque le rite pascal et la libération d'Israël. J'ai placé à côté un calice qui recueille son sang ; ce calice fait le lien avec le sacrifice eucharistique. Tout cet ensemble symbolique donne à l'œuvre sa pleine et vraie dimension. Il arrache l'événement de la croix à un destin brutal et aveugle, pour le transporter sur le plan de l'histoire du salut, au centre même de cette histoire, où il apparaît comme l'accomplissement de la Pâque du peuple de Dieu.

Le sens de l'œuvre est là : dans ce mouvement qui nous fait passer d'un événement tragique et horrible à la vision du salut au cœur même de la nuit. Quoi qu'en disent certains, il y a de la lumière dans ce tableau. Sur le fond crépusculaire, et en contraste avec le teint olivâtre du corps du Crucifié, éclatent les couleurs blanches et rouges des vêtements des personnages au pied de la croix. Ces couleurs vives, violentes même, s'appellent et se répondent de part et d'autre. Ce sont les couleurs d'une aurore qui se cherche et qui déjà soulève le poids énorme des ténèbres.

Le corps du Crucifié lui-même est éclairé par une lumière qui vient de côté. D'où filtre cette clarté? Elle ne vient de nulle part si on cherche un lieu. Elle rayonne du Livre que Jean Baptiste tient sur son bras. C'est la lumière de la Parole. Une lumière qui n'est pas celle du plein jour. Le Dieu qui se révèle ici est le Dieu caché au monde. Il se manifeste dans la déroute de toutes nos représentations et de toutes nos valeurs.

— En somme, interrompit Hans, votre tableau vise moins à émouvoir qu'à éclairer ; il doit aider à entrer dans une meilleure intelligence du mystère de notre foi.

— C'était mon dessein. Dans cette grande crucifixion du retable d'Issenheim, comme d'ailleurs dans plusieurs autres de mes tableaux, le Livre des Écritures occupe une place essentielle, centrale. En mettant l'événement de la croix en relation directe avec le Livre, j'ai voulu montrer que la mort du Seigneur est elle-même une parole, un langage, qu'elle est une révélation : la suprême Révélation.

— Je vous savais peintre, dit Hans, mais je vois que la théologie ne vous est pas étrangère.

— La théologie, c'est un bien grand mot ici ! s'exclama l'artiste. Disons que la foi ne m'est pas étrangère. Oui, la foi, c'est le mot qui convient.

— Avouez, dit Hans avec une pointe de malice, que vous avez mis beaucoup de vous-même dans le personnage de Jean Baptiste. C'est du moins ce que j'ai cru comprendre en vous écoutant. Cet homme du désert un peu farouche et au geste prophétique, n'est-ce pas vous tout entier, avec votre foi ardente ? Il vous ressemble comme un frère.

— Un artiste se projette toujours dans son œuvre, répondit le peintre. Mais j'hésite aujourd'hui à me reconnaître dans cette haute figure de la foi, dans ce témoin inébranlable. Non, Hans, je ne suis pas Jean Baptiste... »

Il se troubla et se tut. Quinze années s'étaient écoulées depuis la création du retable d'Issenheim. Maître Mathis pouvait contempler intérieurement son œuvre avec le détachement que permet le recul du temps. Il n'avait certes aucune peine à se reconnaître dans Jean le Précurseur, tel qu'il l'avait peint. C'était bien sa foi juvénile et sans faille qui s'était exprimée dans cette figure solide, que rien ne semble devoir abattre. Mais aujourd'hui il se demandait s'il n'avait pas présumé de ses forces et joué prématurément le prophète. Il se sentait beaucoup moins sûr de lui. Moins sûr de sa foi. La tornade était passée sur sa vie, faisant le désert. Il avait lui-même goûté à la mort amère du Fils abandonné.

Oserait-il aujourd'hui encore écrire en lettres de feu au-dessus du bras du Précurseur cette phrase de l'Évangile : « Il faut qu'il grandisse et que moi je diminue » ? Quand il avait peint cette citation sur son tableau, il était loin de se douter qu'un jour elle exprimerait la réalité de sa vie. Diminuer, disparaître, tomber dans l'oubli, qu'il est difficile de l'accepter ! Être enterré vivant ! Tel était pourtant désormais le destin de maître Mathis. Et face à ce destin, il ne pouvait se défendre d'un mouvement de recul et de révolte. Il se cabrait.

« Non, Hans, reprit-il, je ne suis pas Jean Baptiste comme vous le croyez. Aujourd'hui mon regard se tourne plutôt vers l'autre côté du tableau, vers les personnages qui titubent dans la nuit, ivres de ténèbres et de douleur. Il y a Marie qui n'en peut plus de regarder son Fils mourir et qui a besoin d'être soutenue pour ne pas défaillir. Et il y a Madeleine qui crie sa détresse et son désespoir. Eh bien ! aujourd'hui je me sens plus proche, Hans, de ces femmes désemparées que du personnage hiératique de Jean Baptiste.

Je vous l'ai dit l'autre jour, tout est fini pour moi. Je n'ai plus rien à espérer des hommes, surtout pas des puissants de ce monde. Je suis devenu pour eux un être pitoyable qu'il faut oublier. Nous vivons en un temps où la grandeur d'âme est une véritable infirmité. Je n'ai pas su pactiser avec le crime. C'est là une sorte de faiblesse d'esprit qui vous classe parmi les incapables et les incurables. Un être borné qui ne comprend rien à la marche du monde, voilà ce à quoi vous réduit un peu d'honnêteté ! »

Le peintre se confiait à son ami d'une voix calme mais qui trahissait l'amertume et la souffrance. Il se tut, laissant au silence le soin d'achever une confidence qui lui faisait mal. Son regard intérieur se reporta sur la grande crucifixion du retable d'Issenheim. Il en épousait d'instinct le mouvement. Portée par la dynamique des formes et des lignes, son âme blessée allait d'un côté à l'autre de la croix, renversée ici, redressée là, et toujours ramenée par le doigt de Jean Baptiste vers le centre, vers le Crucifié. Épouvantable et fascinant Christ de la nuit ! Maître Mathis le savait : seule cette figure pouvait lui permettre d'assumer sa propre tragédie, la sienne et celle du monde. Il expérimentait et savourait cette vérité : par son propre abandon par Dieu, le Crucifié donne Dieu mystérieusement aux abandonnés de Dieu.

La parole du prophète Isaïe, qui l'avait frappé l'autre soir, s'imposait à nouveau à lui : « Veilleur, où en est la nuit ?... » La nuit s'étendait toujours sur le monde, immense et sans faille. Mais si profonde qu'elle fût, elle était habitée par la présence irrécusable du Crucifié.

Comme le silence se prolongeait entre les deux hommes, Hans Plogk se leva et dit :

« Vous savez combien je sympathise avec vous.

Tout le ciel est en chute libre, entraîné dans un mouvement irrésistible.
Le Très–Haut descend vers la terre. Dieu naît au monde. Le mystère a pris ici un
visage simplement et radieusement humain. Mais le Fils de Dieu a pris la
condition des pauvres gens ; il s'est revêtu de leurs guenilles ; il a fait siens leur
dénuement et leur humiliation.

Le doigt de l'ange annonciateur s'allonge vers Marie comme celui de Jean-Baptiste vers le crucifié.

Éblouie par l'apparition de l'ange, Marie se rejette un peu en arrière. Elle détourne légèrement la tête comme pour éviter la violence de la lumière qui la frappe de front.

Ce n'est pas l'ange qui interpelle Marie mais la Parole. Celle-ci est au centre du tableau, elle jaillit du livre ouvert.

Les anges musiciens se détachent de la troupe céleste. La musique s'élance avec la légèreté des colonnettes du temple.

Patriarches et prophètes, hommes de la promesse, sentent frémir sous eux la création entière.

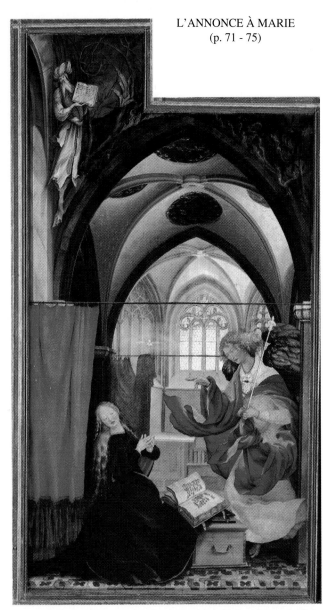

Le contraste est frappant entre la lumière qui envahit le vaisseau gothique et se concentre dans la figure incandescente de l'ange, et l'ample robe bleu sombre qui drape la Vierge Marie. L'or éclatant du matin se rencontre ici avec l'obscurité de la nuit. Accueillir la Parole, c'est toujours entrer dans la nuit de Dieu. Le Très-Haut n'est jamais à notre mesure, même lorsqu'il vient à nous. Ses chemins nous déroutent, sa lumière nous aveugle.

LA CRUCIFIXION
(p. 52 - 62)

Il y a, sur mon tableau, une figure tout à fait inattendue, anachronique même. Elle étonne à première vue. Mais elle joue un

rôle capital. Car elle montre comment l'œuvre doit être regardée et comprise. Cette figure est celle de Jean Baptiste.

Le sens de l'œuvre est là : dans ce mouvement qui nous fait passer d'un événement tragique et horrible à la vision du salut au cœur même dela nuit.

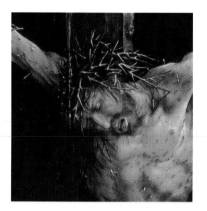

La crucifixion du Christ n'est pas une scène de désespoir, mais elle n'est pas non plus une scène pieuse, édifiante. Elle en est même tout le contraire. La mort du Christ en croix est la destruction de toutes nos images pieuses, édifiantes. Elle est l'éclatement et la déroute de toutes nos représentations de Dieu. Scandale et folie, voilà ce qu'elle est !

Au cœur de la nuit, Jean proclame la révélation du Dieu caché. Jean le premier a désigné Jésus comme l'Agneau de Dieu. Cet ensemble symbolique donne à l'œuvre sa pleine dimension : l'accomplissement de la Pâque du Peuple de Dieu.

L'Enfer décida de frapper un grand coup en visant directement la foi d'Antoine. Il s'agissait de ruiner sa confiance en Dieu. Les démons déchaînèrent en son âme une tempête de frayeur et d'angoisse qui devait entraîner le naufrage de toutes ses certitudes.

C'est comme si le Christ, en s'élevant dans la gloire, tirait et ramenait des profondeurs ténébreuses de la terre un gigantesque filet, un chalut démesuré où toute la création serait prise, frémissante de vie, éclatante de beauté. C'est la pêche miraculeuse, à l'échelle du monde. Et toute cette vie s'illumine, s'embrase autour du Ressuscité. L'univers monte et danse dans la lumière, avec le Premier-né d'entre les morts.

Vous n'attendez pas de moi de vaines consolations. Je vous laisse avec cette nouvelle crucifixion que vous peignez. Elle vous inspirera, j'en suis sûr, et elle vous aidera mieux que je ne puis le faire. Mais je ne voudrais pas vous quitter sans vous renouveler mon invitation : mes amis et moi, nous sommes prêts à vous accueillir à Halle, nous vous trouverions une maison où vous seriez chez vous, et nous ferions tout pour vous rendre la vie aussi agréable que possible. Ce serait pour nous une très grande joie, soyez-en certain.

— Je vous remercie beaucoup, Hans, de toute votre attention. Saluez bien vos amis de ma part. Et peut-être — qui sait ? — à bientôt ! »

Il tira d'un cartable un dessin qui représentait Jean l'évangéliste portant un candélabre massif. C'était un dessin aquarellé et rehaussé de gouache. En regard du disciple dessiné de profil, figurait, en langue allemande, ce passage du quatrième évangile : « Jésus a réalisé, sous les yeux de ses disciples, bien d'autres signes qui ne sont pas rapportés dans ce livre. Ceux-ci l'ont été pour que vous croyiez que Jésus est le Christ, le Fils de Dieu, et que, par cette foi, vous ayez la vie en vous. » Le peintre considéra un instant son dessin, puis le tendit à son ami, en lui disant :

« Permettez-moi de vous offrir ceci, en souvenir de votre visite et du plaisir que vous m'avez fait.

— Mon saint Patron ! s'exclama Hans en découvrant le dessin. C'est vraiment trop aimable. Je vous remercie de tout cœur. Oui, ce sera le meilleur souvenir de notre rencontre. »

Les deux hommes s'embrassèrent comme des frères et se séparèrent.

Après le départ de son ami, maître Mathis se remit à peindre. Mais, au bout de quelques instants, il s'immobilisa soudain, comme interdit. Il venait de remarquer une chose à laquelle il n'avait pas prêté attention jusqu'alors. Sur cette nouvelle crucifixion qu'il était en train de peindre, il n'y avait plus un de ces témoins de la foi, qui figuraient sur les crucifixions antérieures. On n'y voyait ni le centurion romain, ni Jean Baptiste, ni quelque autre saint personnage. Aucun symbole non plus : ni calice, ni agneau... Pas le moindre texte de l'Écriture. Seule restait la mort humaine du Christ dans sa solitude et son horreur, avec la compassion de sa mère d'un côté et le désarroi du disciple préféré de l'autre. « Oui, Hans a raison, pensa-t-il, cette crucifixion sera encore plus tragique que les précédentes. Il vient un moment où celui qui s'est efforcé de toute son âme de peindre le mystère de la mort du Fils de Dieu se voit lui-même entraîné dans la déréliction. Il ne lui reste plus qu'à entrer lui-même dans le silence où Dieu s'est retiré. Il n'a plus rien à dire, plus rien à peindre. Cette crucifixion sera ma dernière œuvre. »

Aurore

Maître Mathis se rendit enfin à l'invitation de son ami Hans. Le poids, de plus en plus lourd, de la solitude et l'espoir de retrouver un cercle d'amis emportèrent sa décision. Mettant à profit les derniers beaux jours de l'automne, il partit donc pour Halle-sur-Saale.

Avant de quitter Francfort, il avait tenu à régler ses affaires personnelles et familiales, d'une manière aussi définitive que possible. En premier lieu, il s'était occupé bien sûr de l'avenir de son fils adoptif André ; il le plaça en apprentissage, à Seligenstadt, chez un artisan sculpteur. Puis il rédigea son testament, en présence de deux membres du Conseil de la ville ; il institua son fils héritier universel et désigna Hans von Saarbrücken comme tuteur. Il confia à ce dernier les quelques biens meubles qu'il possédait.

Pourquoi cet empressement et ce soin à régler sa succession dans les moindres détails, comme s'il se fût agi pour lui d'entrer en religion ? Un pressentiment obscur l'avait guidé. Sa santé lui donnait quelque inquiétude : il s'alimentait difficilement et ses forces déclinaient, comme si un mal mystérieux le rongeait. C'était plus sûr, pensait-il, de tout régler avant de partir. Maintenant il se sentait libre et léger comme l'oiseau migrateur.

A Halle, ses amis l'accueillirent chaleureusement. Ici le peintre n'était plus un inconnu. Toute la ville avait pu voir et admirer son tableau, *la Rencontre de saint Érasme et de saint Maurice*, qui était exposé à présent dans la collégiale, au-dessus de l'autel dédié à saint Maurice. Entouré d'admiration et d'amitié, l'artiste avait l'impression, à certaines heures, d'avoir retrouvé une patrie, un foyer.

En compagnie de Hans Plogk, il se rendit à la collégiale pour revoir le tableau dans son cadre actuel. L'œuvre, de grande dimension, représentait saint Érasme, revêtu des ornements pontificaux, se tenant en présence du chef de la légion thébaine, saint Maurice, le chevalier noir, suivi de son garde du corps. Tandis que les deux amis regardaient la peinture, un rayon de soleil tomba d'un vitrail. Le tableau s'illumina. L'orfèvrerie de la crosse épiscopale, la mitre et la chasuble brodées d'or rutilaient sur fond de nuit ; la couronne gemmée du chevalier martyr jetait tous ses feux ; et sa cuirasse luisait d'un éclat argenté.

« Quelle féerie ! murmura Hans. On est comme ébloui. Mais dites-moi, pourquoi avez-vous mis des auréoles aux personnages ? Ce n'est pas votre habitude. Sur vos autres tableaux, ni la Vierge, ni saint Jean, ni même le Christ ne sont auréolés.

— Cette œuvre, répondit le peintre, m'a été demandée par le prince-archevêque Albrecht. Celui-ci voulait des auréoles ; il y tenait absolument. Admirateur d'Érasme de Rotterdam, peut-être désirait-il canoniser le grand humaniste à travers l'ancien évêque Érasme ?

— Oh ! je crois plutôt qu'il cherchait à se canoniser lui-même, répliqua Hans malicieusement ; car c'est bien lui que vous avez peint ici dans le personnage de saint Érasme.

— Lui-même a posé, dit l'artiste. C'est le petit côté de ce tableau qui est une œuvre de cour. Mais, par-delà les désirs du prince-archevêque, j'ai voulu donner à cette peinture une autre dimension. Regardez : face au prélat qui ploie sous les ors, les soieries et les blasons, j'ai campé le soldat au visage de nuit et dont l'armure rappelle les combats. A la chrétienté triomphante et chamarrée s'oppose ici l'Église obscure et militante.

— Manifestement, remarqua Hans, votre sympathie va au jeune soldat martyr qui regarde droit dans les yeux le prince de l'Église, aux traits mornes et flasques. La foi vivante interpelle ici la religion établie. »

Cette interpellation, maître Mathis la portait en

son cœur. Cependant, dans sa nouvelle résidence de Halle, il semblait avoir donné congé à ses angoisses et retrouvé un peu de paix. Les pluies d'automne étaient venues. Le peintre regardait le voile gris de l'averse tomber sur la ville. Immobile, près de la fenêtre, sans penser à rien, il ne faisait qu'un avec ce qu'il contemplait. Là-bas un verger perdait ses dernières feuilles. Au pied des arbres, des ruches, couleur de blé mûr, se recueillaient. La pluie avait cessé soudain. Un rayon de soleil traversait le ciel. Sur l'if vert du jardin, où perlaient les gouttelettes scintillantes, un merle noir piquait de-ci de-là les petites baies rouges avec son bec jaune. Au-dessus de la ville se dessinait un arc-en-ciel. Les maisons, sur la colline d'en face, en étaient éclairées merveilleusement. L'inclination des toits dans cette lumière surnaturelle faisait songer à une solennelle bénédiction venue du ciel. C'était un moment de rémission et de miséricorde.

Maître Mathis avait éprouvé une impression semblable dans la forêt voisine où Hans Plogk l'avait, un jour, emmené en promenade. Le temps était plutôt maussade et la forêt achevait de se dénuder. Les hauts fûts des hêtres se dressaient, comme des colonnes d'acier, contre un ciel morne. Seul l'immense tapis de feuilles qui jonchaient le sol avait une teinte chaude; il en rayonnait une luminosité extraordinaire, fauve et rose. La lumière montait de la terre. Et toute la forêt se tenait, comme en attente, dans cette clarté d'aurore.

Parfois la nuit, quand le sommeil le fuyait, Mathis se levait et s'approchait de la fenêtre. Il y avait tant de choses à voir en ce monde, même la nuit. Dans le ciel balayé par le vent, des étoiles tremblaient si délicatement, si tristement, des étoiles solitaires et cependant débordantes de lumière. Ce spectacle était en harmonie avec la solitude de son âme.

Certains soirs, seul et recueilli auprès de la lampe, l'artiste ouvrait le livre du Nouveau Testament que son ami Hans lui avait acheté à la foire de Francfort. Il lisait sans hâte, laissant à la Parole de Dieu tout le temps de se frayer un chemin jusqu'à son cœur. Et puis il attendait en grande patience, comme la terre ensemencée, battue par les vents et les pluies de l'automne. Dehors la tempête soufflait et mugissait. Alors, dans la solitude, le peintre se sentait associé à un grand mystère, celui des Pauvres de Yahvé, qui, au long des siècles, à travers les persécutions et l'exil, n'ont cessé de guetter l'aurore du Salut et de poser la question : « Veilleur, où en est la nuit ? »

Au fil des heures, maître Mathis voyait parfois s'ouvrir sous ses yeux un livre géant. C'était un livre d'images. Une fois de plus les ailes du retable d'Issenheim se déployaient dans le souvenir. La pensée de l'artiste, laissée à elle-même, revenait volontiers à cette œuvre comme à une source où elle se retrempait et retrouvait sa première fraîcheur.

Ce soir, le tableau de *l'Annonce à Marie* retenait son attention. Il était tellement accordé aux sentiments profonds de son âme. Point n'était besoin de lui en rappeler les détails. L'œuvre vivait tout

71

entière dans son regard, comme s'il venait seulement de poser le pinceau. Dans cette *Annonciation* se concentraient pour lui tous les feux d'une aurore. Et voici ce que le peintre voyait. Dans une église gothique, sous les hautes croisées d'ogives, la Vierge Marie, vêtue d'une grande robe bleu sombre, prie à genoux. Elle est présentée de profil. Devant elle, le Livre des Écritures, posé bien en évidence sur un coffret de bois, est ouvert à la page de la prophétie d'Isaïe ; on y lit ce verset : « Une Vierge concevra et enfantera un fils ; il s'appellera Emmanuel... » Marie qui médite ce texte a soudain un mouvement de recul : un ange resplendissant comme le soleil du matin fait irruption dans cet espace de prière. Il survient comme un tourbillon de feu, comme un vent de Dieu. Les pans de son manteau volent, s'enroulent, telle une flamme tournoyante. Sa chevelure d'or flotte. Et, sous l'effet de ce souffle lumineux, les pages du Livre se soulèvent comme si tout à coup le vieux texte prophétique dépoussiéré reprenait vie et se faisait entendre.

Surprise mais aussi éblouie par cette apparition, Marie se rejette un peu en arrière. Elle détourne légèrement la tête comme pour éviter la violence de la lumière qui la frappe de front. Elle baisse les yeux mais n'en continue pas moins de regarder de biais l'inconnu qui vient à elle et qui la désigne mystérieusement de la main droite. Elle est comme Moïse devant le buisson ardent. Comme la nuit que le jour surprend en ses profondeurs. A la fois épouvantée et fascinée.

La scène est prise à l'instant le plus pathétique, quand Marie s'entend interpeller personnellement. Ce n'est pas l'ange, à vrai dire, qui l'interpelle, mais la Parole. Celle-ci est au centre du tableau ; elle jaillit du Livre ouvert. Et tout en haut, adossée à une nervure de l'ogive, apparaît la silhouette longiligne du prophète ; lui aussi présente le Livre ouvert ; et les murs du sanctuaire, eux-mêmes, ruissellent de la Parole. La Vierge est investie de toutes parts. L'ange n'est ici que l'expression sensible de la lumière intérieure qui envahit Marie et la met en relation personnelle avec la prophétie messianique. Il est le souffle qui renvoie le texte vers Marie. Et le sceptre d'or qu'il tient en sa main gauche est le symbole de la souveraineté de la Parole qui interpelle une existence humaine. C'est l'heure où la Parole cesse d'être un mot et devient vie et vocation. L'heure où le Verbe se fait chair.

« Cette jeune fille dont parle le prophète, c'est toi, Marie ; tu as été choisie par Dieu pour être la mère du Messie. »

Le désarroi est grand sur le visage de la Vierge. On ne peut pas dire que ce visage soit particulièrement beau. Le peintre l'a voulu ainsi. Il a écarté toute beauté conventionnelle. Dieu, pensait-il, n'a pas choisi nécessairement la plus belle jeune fille du pays pour être la mère du Messie. Marie était toute simple et intérieure. Rien, sur le plan humain, ne la désignait au choix divin. Ni la beauté, ni la science, ni la richesse, ni le rang social, ni le renom... Il n'y a d'ailleurs aucune commune mesure entre tout cela et la destinée exceptionnelle qui vient de lui être annoncée. Elle-même ne s'y attendait pas. En méditant la prophétie d'Isaïe, elle pensait seulement à l'avenir de son peuple ; elle appelait de tous ses vœux l'accomplissement de la promesse, la naissance de cet enfant merveilleux qui offrirait à tous le bonheur dans la paix et la justice. Elle espérait pour son peuple et se réjouissait à l'avance de l'heureux événement. Sans le moindre retour sur elle-même. Et la voici personnellement désignée, elle la jeune fille obscure d'un village ignoré. Elle en est toute bouleversée. Il ne manquait certes pas dans le pays, notamment à Jérusalem, de filles de hauts dignitaires, de princes ou de grands prêtres. Et la plupart d'entre elles étaient sans doute jolies, fortunées, cultivées. Voire très croyantes et pieuses. Dieu aurait pu choisir l'une d'elles, la fille d'Anne ou de Caïphe par exemple. Eh bien ! non, son regard s'est arrêté sur une petite villageoise, à la mine un peu campagnarde. Comme si Dieu se plaisait aujourd'hui à choisir la fille de l'un de ces humbles paysans que les princes viennent d'écraser, en les renvoyant brutalement à leur condition de serfs ! Que diraient ces dames des cours princières ? Ce qui est sans naissance et méprisé dans le monde, ce qui n'existe pas, voilà ce que Dieu a choisi !

« Ce qui n'existe pas... » se répétait à lui-même maître Mathis. Cette pensée le réjouissait et le jetait dans une sorte d'extase. Puis revenant à son tableau, il remarquait, non sans effroi, que le doigt de l'ange annonciateur s'allonge vers Marie comme celui de Jean Baptiste vers le Crucifié, dans la grande crucifixion d'Issenheim ; que le mouvement de recul de la Vierge préfigure celui de la Mère des douleurs au pied de la croix ; et que le rideau rouge vers lequel Marie se penche, a l'éclat du sang versé. Sur cette *Annonciation*, vraie promesse de bonheur, se profile déjà l'ombre de la croix. La scène se déroule à l'intérieur d'une église. Le contraste est frappant entre la lumière qui envahit le vaisseau gothique et se concentre dans la figure incandescente de l'ange, et l'ample robe bleu sombre qui drape la Vierge Marie. L'or éclatant du matin se rencontre ici avec l'obscurité de la nuit. Accueillir la Parole, c'est toujours entrer dans la nuit de Dieu. Le Très-Haut n'est jamais à notre mesure, même lorsqu'il vient à nous. Ses chemins nous déroutent, sa lumière nous aveugle. Et le peintre repensait à la parole mystérieuse du veilleur : « Le matin vient et la nuit aussi. »

Les Haillons de Noël

L'automne passa dans le vent et la pluie. Puis vinrent les premiers gels. Au matin, le givre fleurissait les vitres. On était entré dans ce temps de préparation à Noël qu'on appelle l'Avent. Sur la couronne traditionnelle, tressée de brindilles de sapin, le peintre avait planté les quatre bougies, comme il l'avait vu faire sous le toit paternel, durant son enfance. Le soir, il les allumait. Les petites flammes qui symbolisaient l'attente vigilante, recréaient toute une atmosphère. Que de souvenirs elles réveillaient en lui !

Dans l'esprit de l'artiste, ce temps de l'Avent était associé à une voix solennelle, venue du fond des âges : celle du prophète Isaïe, que la liturgie faisait revivre. Cette voix proclamait des paroles d'espérance ; elle annonçait la libération du peuple : « Consolez, consolez mon peuple, disait-elle, criez-lui que son temps de servitude est terminé... » Et encore : « Le peuple qui marchait dans la nuit a vu une grande lumière. Sur les habitants du sombre pays, une lumière a resplendi. »

Ce message d'espérance avait jadis enthousiasmé maître Mathis. Aujourd'hui la parole prophétique résonnait en son cœur comme une dérision. Qui pouvait encore, après les récents événements, crier au peuple que son temps de servitude était terminé ? La chrétienté s'apprêtait à fêter Noël, mais dans les campagnes régnait un silence de mort. Traumatisées, les familles paysannes se terraient et se taisaient. Tous ces pauvres gens étaient vraiment aujourd'hui les habitants du sombre pays ; ils marchaient dans la nuit, mais sans voir se lever la moindre lumière. Pour eux, que pouvait signifier Noël ?

Dans les villes, les controverses théologiques allaient bon train. Dans les universités et les couvents, barrettes et cornettes s'agitaient. On discutait âprement de la foi, du salut et de la liberté. On y mêlait le pape et on se lançait des anathèmes, à grand renfort de textes sacrés. La chrétienté se déchirait et s'enfonçait un peu plus chaque jour dans la rupture. Deux Églises maintenant s'affrontaient : l'Église romaine d'un côté, et de l'autre l'Église née de la Réformation.

Maître Mathis avait applaudi au renouveau

spirituel de la Réforme. Mais devant le tour pris par les événements, il s'interrogeait. Il n'était pas un homme de rupture. Sa sensibilité esthétique et religieuse s'enracinait trop profondément dans le passé, dans ce Moyen Age dont il aimait la vision symbolique des choses. D'autre part, il lui semblait que le renouveau spirituel, marqué par le retour à la Parole de Dieu, s'était arrêté à mi-chemin, qu'il s'était renié lui-même en quelque sorte, faute d'avoir fait le lien avec la réalité sociale.

Parce qu'il était resté proche du peuple et qu'il sympathisait profondément avec lui, maître Mathis ne pouvait séparer sa foi de la vie des pauvres gens et de leurs espérances. Il sentait tout ce qu'il y avait de juste dans leurs revendications. De juste et donc d'évangélique. Il entendait leurs voix qui réclamaient que l'Évangile leur soit rendu, l'Évangile de la fraternité et de la liberté, que les princes et les théologiens retenaient captif.

Telles étaient les graves pensées qui une fois de plus occupaient et tourmentaient le peintre à l'approche de Noël. Et plus il réfléchissait, plus s'imposait à lui l'idée que la naissance du Sauveur ne pouvait être vraiment accueillie et célébrée que dans un grand élan de libération humaine, dans un affranchissement de toute servitude, dans un joyeux renouvellement de toutes nos relations sociales. N'était-ce pas ce que les prophètes avaient entrevu et annoncé : « Le peuple qui marchait dans la nuit a vu une grande lumière... Le joug qui lui pesait, la barre sur ses épaules, le bâton de son oppresseur, tu les broies comme au jour de Madiân... Car un enfant nous est donné... »

Maître Mathis n'était pas un révolutionnaire ; il n'avait rien d'un agitateur social. Il était seulement un artiste. Il réprouvait d'instinct la violence, toute violence, même celle des paysans. Mais il était un croyant qui avait pris au sérieux la demande du Notre Père : « Que ton règne vienne, que ta volonté soit faite sur la terre comme au ciel. » Oui, sur la terre. La venue du Royaume commençait ici et maintenant : dans la reconnaissance mutuelle et fraternelle de tous les enfants de Dieu.

Noël arriva. Malgré toute l'attention de ses amis, le peintre ne s'était jamais senti aussi seul. A la fois seul et solidaire des plus pauvres. Cette fête ne lui apportait aucune joie humaine. Il passa la nuit bénie à contempler, dans le souvenir, l'Enfant Jésus, aux langes déchirés, qu'il avait peint sur l'un des panneaux du retable d'Issenheim. Et ce qu'il voyait de ses yeux extasiés et brûlants, ce n'était pas seulement une scène attendrissante, c'était le mystère du Fils de Dieu naissant dans la souffrance du monde, au cœur de nos conflits, comme une promesse de libération.

Ce tableau du retable évoque, en effet, l'incarnation du Fils de Dieu. La note dominante en est assurément le chant et l'allégresse. Sur sa partie gauche, un petit temple baroque abrite, sous un opulent décor végétal, une multitude d'êtres célestes, ivres de louange et d'adoration. Séraphins et chérubins se pressent à l'intérieur, sous la forme d'un essaim d'êtres ailés. Certains semblent accourir, à tire-d'aile, du fond de la nuit des temps. D'autres, sortis tout droit du sein embrasé de l'Éternel, jaillissent comme des météores. Tous célèbrent le Rédempteur qui vient. De cette troupe céleste se détachent, au premier plan, trois anges musiciens. Sans partitions, ils font aller l'archet sur leurs instruments. La musique s'élance avec la légèreté des colonnettes du temple ; elle s'enroule dans les volutes, rebondit dans les arceaux, se déploie dans les ramures pour s'égayer enfin dans les feuillages. Toutes les feuilles de ce décor végétal vibrent et chantent. La musique n'est pas évoquée ici seulement par les anges musiciens et leurs instruments. Elle est partout présente : dans le jeu des lignes, dans l'orchestration des couleurs, dans l'architecture elle-même.

Perchés sur les piliers du temple, parmi les flèches, les feuillages et les fleurons, patriarches et prophètes, hommes de la Promesse, tressaillent en entendant cette symphonie. Ils sentent frémir sous eux la création entière. Et comme des vigies, postées dans la mâture d'un navire, ils donnent l'alerte : « Réveillez-vous, ancêtres lointains, serviteurs obscurs ou rois éclatants. Et vous, gens du désert et de l'exil, peuple de la steppe, habitants du sombre pays, vous tous qui avez cru et attendu sans voir, levez les yeux, regardez, exultez : le soleil naît aujourd'hui sous les traits d'un enfant ! »

Toute cette attente vibrante culmine et s'intériorise dans la personne de la Vierge Marie qui s'avance, mains jointes, sous le porche du temple.

81

La tête couronnée de feu et entourée d'un halo resplendissant, la Vierge ressemble à un soleil levant. Lourde du fruit qu'elle porte, elle est tout entière adoration et espérance. L'heure de sa délivrance est proche; elle sera aussi celle du monde. En Marie, l'humanité se tourne vers les temps nouveaux.

Face à cette attente, la partie droite du tableau nous en montre l'accomplissement. Ici la scène est dominée par un ciel très élevé où trône la gloire du Père éternel. De ces hauteurs inaccessibles, la lumière tombe à flots sur les cimes et les flancs abrupts des montagnes, chassant les derniers lambeaux de la nuit. Et dans le jour bleu qui se lève, on voit voler des anges. Tout le ciel est en chute libre, entraîné dans un mouvement irrésistible. Le Très-Haut descend vers la terre. Dieu naît au monde.

Et voici le mystère devenu visible, humain : au premier plan du tableau, une maman, jeune et belle, assise dans un jardin, tient dans les bras son enfant nu qui lui sourit. Elle le contemple, avec quel amour! Son visage rayonne de tendresse. Et tandis qu'un nimbe à peine visible auréole sa tête, sa chevelure dénouée ondule sur ses épaules. Elle est vêtue d'une robe rouge carmin, très ample, dont les pans se répandent abondamment au sol. Sa grande cape bleue, retenue sur sa poitrine par une agrafe d'or, lui tombe de chaque côté dans un ruissellement de plis réguliers. Les couleurs sont claires, scintillantes, joyeuses.

L'enfant est beau et fort. Il regarde sa mère,

tout en jouant avec un collier. On voit au sol sa couchette, le baquet pour sa toilette et même le petit vase : autant de choses et d'objets qui donnent à cette nativité le caractère d'un événement familier, humain. Ni crèche, ni âne, ni bœuf, comme dans les nativités médiévales. Les bergers eux-mêmes ont été relégués très loin à l'arrière-plan. On les devine avec leurs troupeaux sur les premiers versants des montagnes. Le côté anecdotique et merveilleux de la naissance du Sauveur a été manifestement écarté. Le mystère a pris ici un visage simplement et radieusement humain.

Le paysage lui-même est accordé à ce bonheur intime. A droite, dans le jardin, fleurissent de très belles roses rouges. Au-delà, sur les bords paisibles d'un lac, un monastère médite, tandis que, sur les premières hauteurs, des bergers regardent vers le ciel où apparaissent les anges porteurs de la Bonne Nouvelle. De l'autre côté de la mère et de l'enfant, dans le jardin, un figuier étend ses branches verdoyantes et chargées de fruits ; à l'arrière-plan, sur les collines paissent des troupeaux. Tout dans cet ensemble est lumière, poésie et sérénité. Un rêve de bonheur est ici représenté.

Et cependant cette nativité n'est pas une simple idylle. Il y a ici bien autre chose qu'une scène charmante entre la mère et l'enfant. Le peintre le sait bien. Et c'est précisément ce qui le fascine dans le souvenir qu'il a de son tableau, en cette nuit de Noël d'exil. Contrastant violemment avec le riche drapé de la robe et du manteau de sa mère, les langes de l'enfant Jésus sont misérables à l'extrême : troués, déchirés, ils s'effilochent par tous les bouts. Ce sont des loques. Ils annoncent le linge en lambeaux, qui ceint la taille du Christ dans les crucifixions de maître Mathis ; ils préfigurent le corps lacéré, humilié. Ces haillons sont aussi pour l'époque le signalement du peuple en détresse, le drapeau de la misère et du désespoir. Bien plus qu'un symbole, ils étaient, en vérité, pour des milliers de pauvres gens, la triste réalité quotidienne. Sur le tableau de Mathis, ils font le lien entre l'événement du salut et la souffrance des opprimés. Tout le drame social du temps est ainsi discrètement évoqué au cœur de cette Nativité. Et cette évocation donne à l'œuvre sa plénitude de sens. Le Fils de Dieu lui-même a pris la condition des pauvres gens ; il s'est revêtu de leurs guenilles ; il a fait siens leur dénuement et leur humiliation.

Non, Marie ne tient pas seulement entre ses bras un petit être gracieux et heureux de vivre. Cet enfant nu, aux langes tailladés, c'est déjà l'homme des douleurs, s'offrant pour le salut du monde. La croix est déjà présente. On la voit dessinée sur la porte qui ferme le jardin où Marie est assise.

Dans le concert donné par les anges sur la partie gauche du tableau, la pastorale a fait place à un choral déchirant, plein de grandeur. On croirait entendre le choral final de la Passion selon saint Matthieu, de J.-S. Bach. La Vierge Marie qui regarde son enfant ne peut réprimer un mouvement de douleur. Une ombre passe sur le sourire qui se fige. Dieu naît dans la souffrance du monde : dans la souffrance des incurables qui se traînent dans les hôpitaux et près desquels le peintre a travaillé ; dans la misère et le désespoir des paysans abandonnés à leur sort et foulés par le pouvoir ; dans le déchirement de la Chrétienté ; dans la solitude et l'humiliation de l'artiste exilé, oublié. Dieu vient au monde dans l'obscure souffrance des hommes.

En cette nuit de Noël 1527, maître Mathis écoutait ce chant, écho de son propre chant intérieur. Et tandis qu'il contemplait dans le souvenir l'Enfant aux langes déchirés, il murmurait cette prière : « Ah ! Seigneur, quelle est mystérieuse la nuit de ta nativité parmi les hommes ! Pourquoi faut-il que s'y mêle toujours le cri des innocents qu'on massacre ? Combien de temps, de larmes et de sang faudra-t-il encore avant que ne voie le jour ton Évangile de fraternité et de liberté ? De tes prophètes, il est écrit : "Ils moururent tous, dans la foi, sans avoir vu la réalisation des promesses, mais ils l'ont saluée de loin..." Pour moi, homme vieilli avant l'heure, voué à l'oubli, je suis devenu le veilleur solitaire qui guette ton jour. Pardonne-moi si parfois, dans la nuit, je dresse un regard inquiet et, retenant mon souffle, je scrute le ciel en quête des premières lueurs de l'aube. »

Les Chemins de la Paix

La première neige est tombée. Doucement, sans bruit, dans le silence de la nuit, réservant au matin la surprise de sa splendeur. Et le peintre contemple avec des yeux d'enfants le monde métamorphosé. Les toits, les jardins, les arbres et jusqu'aux noires cheminées des maisons, tout participe à la même blancheur, à la même pureté. Une nouvelle innocence vient d'être accordée à la terre. Quelques flocons attardés tourbillonnent encore dans les airs, comme un duvet. Maître Mathis les suit du regard dans leur chute très lente. Et c'est pour lui un vrai plaisir de les voir se poser sur le rebord de la fenêtre, comme un signe venu du ciel.

Que faire en ces journées d'hiver ? Les forces physiques, un peu plus affaiblies chaque jour, ne permettent pas la concentration d'esprit nécessaire à une œuvre de quelque importance. Alors le peintre papillonne. Il ébauche un dessin, s'interrompt, le reprend et souvent l'abandonne, inachevé. Assis près du poêle, il lit, prie, médite et parfois se laisse tout simplement aller à la rêverie.

Cette première neige abondante le ramène spontanément vers ses jeunes années ; elle réveille en lui des souvenirs légers et merveilleux comme les blancs flocons qui tombent du ciel. Les contes de son enfance, comme il s'en souvient en ce jour ! Ceux-là surtout qu'il entendit au coin du feu, les soirs d'hiver.

Il se rappelle entre autres — avec quel enchantement — l'histoire des deux chevaliers qui, revenant d'Italie vers le Bade Wurtemberg, heureux comme des écoliers en vacances, furent surpris en pleine forêt, à la tombée du jour, par une violente tempête de neige. L'hiver n'était pas tout à fait terminé, comme ils l'avaient cru. Aveuglés par le blizzard et bientôt égarés, ils tournaient en rond dans la nuit, en quête d'un chemin qui s'effaçait sous les congères. Leur situation devenait dramatique. Impossible d'avancer, impossible de revenir en arrière. S'arrêter, c'était mourir de froid. Ils se voyaient perdus, quand soudain, par bonheur, ils remarquèrent une sorte de maisonnette enneigée qu'ils prirent tout d'abord pour un refuge de bûcherons. Ils poussèrent la lourde porte de bois et entrèrent dans l'abri obscur. Tout de suite l'atmosphère du lieu les intrigua. On y respirait un air tiède auquel se mêlait un délicat parfum de cire. L'un des chevaliers s'empressa d'allumer une mèche qu'il portait sur lui. A leur grande surprise, ils se trouvaient dans une chapelle. Et tout laissait croire qu'une messe venait d'y être célébrée. Ils allumèrent les cierges sur l'autel. Et tombant à genoux, ils se mirent à prier. Personne encore n'avait prié en ce lieu avec autant de ferveur et de reconnaissance que ces deux hommes arrachés à la nuit, au froid et peut-être à la mort. Dehors la tempête mugissait et sifflait rageusement. Sous les rafales du vent et de la neige, la forêt n'était qu'une longue plainte.

Quand les chevaliers relevèrent la tête, ils s'aperçurent, à la lumière tremblante des cierges, que les murs du sanctuaire étaient ornés de peintures. Ils s'approchèrent pour voir. C'étaient d'admirables fresques ; et l'une d'elles représentait la Madone et l'Enfant.

Cette chapelle sans nom, perdue dans la forêt, la nuit et la neige, mais renfermant de très belles fresques, avait enchanté l'imagination de l'artiste enfant. Aujourd'hui encore il y repense comme à un trésor enfoui. Il imagine ces peintures de légende, devant lesquelles des chevaliers errants trouvèrent le salut et la paix au milieu de la tourmente ; il se représente, en particulier, la Madone et l'Enfant, comme il les a peints lui-même naguère sur un tableau destiné à la chapelle Sainte-Marie-des-Neiges, en l'église d'Aschaffenburg. Ce tableau n'est-il pas lui aussi une clairière de lumière dans la sombre forêt de sa vie ? Et, oubliant les deux chevaliers, maître Mathis se prend à rêver de cette peinture lumineuse et sereine.

La Madone et l'Enfant [1] est manifestement de toutes les œuvres de l'artiste la plus apaisée, la plus rayonnante. Dans la nativité du retable d'Issenheim, les langes déchirés de l'Enfant jettent dans le concert des anges une note tragique dont l'ombre passe sur le sourire de la Mère. Ici rien de tel. Tandis que l'orage se retire sur les monts, un magnifique arc-en-ciel se dessine au-dessus de la Madone et de l'Enfant et les illumine tous deux. Comme sur le retable, Marie est assise dans un jardin. Sa chevelure blonde, dorée par la lumière, lui tombe sur les épaules, telle une coulée de miel. L'Enfant Jésus, debout sur les genoux de sa mère, rayonne du même éclat. Autour d'eux, les fleurs abondent. Près de Marie, un olivier s'élance vers le ciel ; son mouvement, légèrement sinueux, épouse les courbes architecturales de l'imposante cathédrale gothique qui se dresse à l'arrière-plan.

Maître Mathis aime ce tableau de rêve, qu'il mêle volontiers à la légende merveilleuse de son enfance ; il l'imagine très bien dans cette chapelle ensevelie sous la neige, parmi les fresques que contemplaient les deux chevaliers perdus.

Mais tandis qu'il s'abandonnait à ses pensées, on frappe soudain à la porte. « Entrez ! », s'écrie le peintre. Un homme paraît, le manteau étoilé de

1. Ce tableau se trouve aujourd'hui à Stuppach-Bad Mergentheim.

blancs flocons. C'est Gérard, l'ébéniste, membre du Conseil et fervent disciple de la Réforme. Un ami, mais aussi un caractère entier, un tempérament de feu.

« Bonjour, maître, dit-il en entrant.

— Bonjour, cher ami. Quelle bonne surprise ! Mais ce n'est pas un temps à mettre le nez dehors.

— Je m'ennuyais de ne plus vous voir ; je viens prendre de vos nouvelles, dit Gérard. Comment allez-vous ?

— Comme les petits oiseaux qui se blottissent sous l'auvent et qui attendent le retour du soleil, répond en souriant Mathis. Il ajoute aussitôt : "Ôtez donc votre manteau, mettez-vous à l'aise et venez vous asseoir ici près du feu."

— La solitude ne vous pèse pas trop ? demande Gérard.

— Non, je rêvais.

— Peut-on savoir à quoi ?

— Oh ! vous allez me disputer. Vous m'avez dit un jour que seule la Parole de Dieu devait occuper le cœur d'un croyant. Mais un peintre, même croyant, à quoi peut-il rêver sinon à des tableaux ? Soyez indulgent pour le pauvre artiste que je suis. Cette neige me ramenait quelques années en arrière ; elle me faisait songer à ce tableau que j'ai peint pour l'autel Notre-Dame-des-Neiges, de l'église d'Aschaffenburg, et qui représente la Madone et l'Enfant.

— Aujourd'hui, ce n'est pas la Mère et l'Enfant qu'il faudrait peindre mais les cavaliers de l'Apocalypse, dit tout de go Gérard. Connaissez-vous la gravure de Dürer, représentant ces cavaliers ?

— Bien sûr, je la connais, répond le peintre qui ne semble pas autrement surpris par la remarque abrupte et un tantinet désinvolte de son jeune visiteur ; il sait qu'il a devant lui un tempérament à l'emporte-pièce. Il lui demande seulement : "Qu'est-ce que vous aimez dans ce tableau ?"

— Le souffle, la fougue, le feu, répond sans hésiter Gérard. J'aime ces trois cavaliers se précipitant du haut du ciel et se ruant sur le monde. Ils chargent, ils volent. L'ange qui les couvre leur donne des ailes. Les trois chevaux vont du même galop et forment comme un seul attelage qui tire tout ce que le ciel renferme de colère et de châtiment. Le premier cavalier décoche une flèche, le deuxième brandit l'épée, le troisième élève à bout de bras la balance qui pèse le monde. La balance voltige dans les airs. Elle est vide, affreusement vide. Elle ne moissonne que du vent. Alors survient, en contrebas, un quatrième et étrange cavalier, au visage d'épouvante, qui chevauche une haridelle. C'est la Mort. Sur sa monture pitoyable qui s'essouffle à suivre la charge des trois autres cavaliers, elle fait le service de la voirie : de son trident, elle ramasse et enfourne dans la gueule de l'Enfer la moisson humaine qui tombe devant elle, au milieu des cris désespérés... »

Maître Mathis écoute et semble prendre plaisir à cette description où passent, en effet, le souffle et la fougue de l'œuvre. Et Gérard de conclure : « Ce tableau est une prophétie. Une grande prophétie que feraient bien de méditer tous les hommes, surtout les puissants de ce monde. Un jour viendra, qui n'est peut-être pas loin, où la colère du ciel éclatera. Ce jour-là, le typhon de Dieu traversera l'histoire du monde. Et l'on verra rouler à terre les têtes couronnées et mitrées.» Après un instant de silence, maître Mathis dit simplement :

« Je n'ai pas peint les cavaliers de l'Apocalypse. En aurais-je encore la force aujourd'hui, je ne le ferais pas. Malgré toute l'admiration que j'ai pour Dürer, pour ce souffle et cette fougue que vous décrivez si bien, je ne suis pas tenté de le suivre. Aujourd'hui moins que jamais.

— Pourquoi? demande Gérard visiblement intrigué.

— Je vous répondrai en évoquant l'une de mes œuvres. Sur le retable d'Issenheim, j'ai peint *la Visite de saint Antoine à saint Paul ermite*. Ce tableau fait pendant à celui de *la Tentation de saint Antoine*. Il en est la contrepartie. Il célèbre la paix après le passage de l'Enfer et l'horrible lutte. Antoine qui a subi les assauts des démons et qui les redoute toujours, s'en vient trouver saint Paul, en quête de paix. Une paix dont j'ai moi-même cherché longtemps le secret. Je savais qu'elle ne pouvait venir que d'une réconciliation. On ne se libère vraiment qu'en se réconciliant. Mais comment réconcilier les contraires? Comment allier le désert et la rose, la pauvreté et la joie, le combat et l'adoration, la croix et le Cantique du soleil? François d'Assise a réussi ce miracle. Les Pères du désert aussi. Auprès des moines Antonins pour qui je travaillais alors, j'ai longuement cherché et médité cette sagesse œcuménique. Et j'ai essayé de l'évoquer dans ce tableau où tout est contraste, opposition, en même temps que rapprochement et réconciliation, dans les formes comme dans les couleurs. A vrai dire, cette paix, je ne la possédais pas encore. Je l'entrevoyais et la saluais de loin, comme une terre promise. Depuis quelque temps, je sens qu'elle m'envahit. Elle est un don du ciel. C'est elle le vrai souffle de Dieu dans l'histoire.

— Ce tableau doit être très beau ; j'aimerais que vous me le décriviez, dit Gérard.

— J'ai donc peint saint Antoine en visite chez le vieil ermite saint Paul. La scène se passe dans la solitude, en pleine nature. Les deux hommes sont assis l'un vis-à-vis de l'autre. Ils conversent. Saint Antoine est chaudement enveloppé dans un grand manteau bien étoffé et dont les pans s'étalent au sol. Une toque descendant jusqu'aux oreilles lui calfeutre la tête, comme s'il craignait le moindre vent. Comme s'il arrivait d'un pays où souffle la bise. Il porte une belle barbe blanche qui floconne et festonne sur sa poitrine. Son maintien demeure réservé, renfermé même. Il esquisse un geste timide de la main droite, tandis que la gauche ne lâche pas le bâton du voyageur. Il semble ne pouvoir quitter ce bâton, pas plus d'ailleurs que son ample manteau. Manifestement il a besoin de se sentir enveloppé, protégé. Comme si les démons étaient toujours à ses trousses. Mais que d'angoisses sous ce grand manteau ! Que de problèmes sous cette toque! Son regard, du reste, le trahit. Inquiet, anxieux même, Antoine interroge saint Paul, guette une parole qui le rassure.

Saint Paul, plus que centenaire, mais taillé en athlète, est assis en face sur des blocs de pierre. Toute sa personne est à l'opposé de celle d'Antoine. On ne peut imaginer deux hommes plus différents. Tête nue, bras nus, carrure de bûcheron, mèches de cheveux au vent, tel apparaît le vieil ermite. Pour seul vêtement, une tunique de fibres de palmier tressées. Face à son visiteur, il offre le spectacle d'un homme décontracté. Il s'est débarrassé de tout ce qui le paralysait ou le gênait. Il est libre. Libre de ses peurs. Libre de tout retour sur lui-même. Il peut étendre le bras ; son geste est vaste comme le monde. Il peut regarder le ciel ; son front large est un espace ouvert où Dieu peut se poser librement.

Mais que regarde-t-il dans les airs, avec cette insistance ? Que se passe-t-il donc là-haut ? Du ciel arrive à tire-d'aile l'oiseau familier qui, chaque jour, apporte à l'ermite sa ration de pain.

Mais aujourd'hui, jour de visite, le voici qui vient tenant dans son bec double portion. La main de Paul se tend pour recevoir le don du ciel. Et du même mouvement, le vieil ermite semble dire à Antoine : "Regarde ! Comme nous avons tort de nous inquiéter ! Ô mon frère Antoine, cesse de craindre. Ne te pose pas tant de questions. Enlève donc ton manteau, laisse ton bâton de côté. Demeure tranquille, confiant dans l'Éternel. Dieu est, cela suffit. Crois seulement en son amour. En cela réside la conversion et tout le bonheur du monde.''

Voilà l'entretien que j'ai imaginé entre les deux hommes, en peignant ce tableau. Et pour donner à l'événement spirituel toute sa dimension, j'ai voulu y associer la nature ; je l'ai représentée elle aussi tout en contraste, à l'image des deux personnages. Derrière Antoine, l'homme frileux au grand manteau, elle a un aspect hivernal et lugubre : sur des rochers tourmentés se dressent des arbres dénudés qui cherchent vainement à escalader le ciel ; aux branches tordues pendent et pleurent de vieilles mousses. Derrière Paul, au contraire, c'est le pays du soleil ; la végétation jaillit, chaude, luxuriante. Un palmier juvénile lance allègrement vers le ciel ses hautes palmes chargées de fruits. D'un côté, l'hiver et la désolation ; de l'autre, l'été et l'abondance. Là, le règne de la loi avec sa pesanteur ; ici, le règne de la grâce avec sa liberté.

Mais le plus significatif, dans cette œuvre, continue le peintre, c'est que tous les contraires cohabitent et se donnent fraternellement la main. Paul ne rejette pas Antoine ; il l'accueille vraiment. Et ainsi il le réconcilie avec lui-même. Avec tout ce qui est. Au milieu du tableau, à l'arrière-plan, un étroit défilé entre les rochers offre une échappée sur de vertes prairies et de lointaines forêts. Les aspects les plus divers de la création sont ici réunis et accordés dans une paix surnaturelle. Une biche, symbole de paix et de douceur, est venue se coucher entre les deux hommes, tandis que non loin de là un cerf se désaltère dans un clair ruisseau. Grande est la paix de l'âme ouverte à tous les souffles de l'Esprit. »

Gérard qui a suivi avec beaucoup d'intérêt la description et l'explication du peintre ne peut s'empêcher de lui faire une remarque :

« Il est bien difficile, dit-il, de parvenir à cette paix. Ne faut-il pas nécessairement faire un choix ? Et choisir, c'est exclure. Si nous ne voulons pas aller à la dérive, nous devons marcher vers une étoile unique contre vents et marées.

— Et si l'étoile vient à disparaître ? » demande Mathis.

Surpris par cette réflexion, Gérard regarde le peintre en silence ; il le fixe dans les yeux. Il lui semble qu'un voile vient de se déchirer. Jamais maître Mathis ne s'est livré à lui avec cette transparence. Car, il le sent bien, l'objection n'évoque pas une simple éventualité ; elle fait écho à une expérience douloureuse, à un cheminement obscur dans une nuit privée d'étoiles. Mais, en même temps, elle laisse entrevoir une paix plus forte que toutes les ténèbres. Une paix capable de mettre en déroute les cavaliers de l'Apocalypse. Et, comme Antoine auprès de Paul, Gérard attend et guette la parole qui lui révélera le chemin de cette paix.

Posant la main amicalement sur l'épaule de son interlocuteur et se penchant vers lui, l'artiste lui dit alors :

« Écoute, Gérard, nous avons sans doute un choix à faire. Mais le choix est entre la sagesse du héros et celle du croyant. La sagesse du héros dit : "Tout ce qui se fait de grand se fait 'malgré'."

Malgré tous les obstacles et toutes les résistances. Malgré tous les vents contraires. Plus forte que tout doit être la volonté du héros. Plus brillante aussi. C'est elle, à vrai dire, son étoile unique. Mais la sagesse du croyant parle autrement; elle dit : "Tout ce qui se fait de grand et d'éternel se fait 'avec'. Avec tout ce qui arrive. Avec tout ce qui nous gêne et nous résiste. Avec nos tentations, nos ténèbres et même nos fautes. Avec celles des autres aussi. Car plus forte que tout, plus grande que notre cœur est la miséricorde du Seigneur...»

Le peintre expliquait cela d'une voix tranquille. Tandis qu'il parlait, il lui arrivait de temps à autre d'élever le regard. Son front large et lumineux ressemblait alors à celui du vieil ermite saint Paul, regardant l'oiseau venir du haut du ciel.

Et voici que maître Mathis lui aussi tendait le bras; son geste était vaste comme le monde, miséricordieux, solaire.

Lumière de Pâques

L'état de santé du peintre déclinait au point d'inquiéter sérieusement ses amis. Maître Mathis, trop faible, ne sortait plus. Pourtant les beaux jours étaient revenus. Tout revivait dans la jeune lumière du printemps. Les vergers se couvraient de fleurs. Et, dès la pointe du jour, les oiseaux remplissaient les haies et les bosquets de leur gai ramage ; ils voletaient d'une branche à l'autre, en lançant de joyeux alléluias. Parfois certains venaient s'ébattre tout contre la fenêtre de la chambre où l'artiste reposait, comme pour l'inviter à la fête. Mathis se contentait de sourire à la vie.

Son ami Hans Plogk le visitait régulièrement et

veillait à ce que rien ne lui manquât. Le plus souvent les deux hommes se bornaient à échanger quelques mots. Hans évitait de fatiguer le malade par un entretien prolongé.

Un jour cependant, à l'approche de Pâques, comme Hans avait évoqué cette fête, le visage du peintre s'éclaira soudain : « Pâques ! » murmura-t-il, comme en une sorte de ravissement.

« Vous aimez cette fête ? demanda Hans.

— C'est la grande fête, répondit-il simplement.

— Vous ne m'en avez jamais parlé ! repartit Hans.

— Il n'est pas facile de bien parler de Pâques. On peut chanter la victoire du Christ d'une manière toute païenne... »

Maître Mathis reprit son souffle, puis s'expliqua : « La résurrection du Seigneur, dit-il, n'est pas une revanche, elle n'est pas le retour de la puissance et de la gloire. La lumière pascale garde, dans son éclat, la mémoire des ténèbres du Vendredi saint. Elle atteste que Dieu était effectivement avec le Crucifié ; elle proclame que l'Esprit des Béatitudes est bien l'Esprit de Dieu ; qu'il ouvre les portes de l'avenir ; qu'il est capable de rouler la pierre du tombeau, toutes les pierres de tous les tombeaux. »

Il se tut un instant, puis ajouta : « Croire à la résurrection du Seigneur, c'est croire que tous ceux et celles qui vivent dans leur chair l'exode caché du Fils de Dieu portent l'espérance du monde. »

Il y eut un silence. Hans lui demanda alors :

100

« Comment le peintre que vous êtes se repré-
sente-t-il la résurrection du Christ ?

— Imaginez la nuit, répondit Mathis, la grande
nuit, la profonde nuit du monde. Et au cœur de
cette nuit, un jaillissement de lumière à partir du
tombeau vide, une merveilleuse aurore boréale...

— Cela aurait fait un tableau superbe, remarqua
Hans.

— Mais ce tableau existe, je l'ai peint, protesta
vivement l'artiste.

— Où donc ?

— Sur un des volets du retable d'Issenheim.

— Pardonnez-moi, dit Hans, j'avais totalement
oublié ce tableau. Tant il est vrai que, pour moi, le
retable s'identifie avec votre grande crucifixion. »

Le peintre s'était un peu animé en parlant. Hans
craignait de le fatiguer. Mais il le voyait bien,
maître Mathis désirait s'exprimer sur cette œuvre
qui lui tenait à cœur.

« L'originalité de ce tableau, se mit-il à expli-
quer, est dans la place monumentale que j'ai
donnée au linceul. Et dans sa signification, bien
sûr. Le Christ, en bondissant dans la lumière, tire
après lui un drap immense, interminable, qui se
déroule de la tombe jusqu'aux étoiles, jusqu'à la
gloire de Dieu. Le vêtement de mort devient ici
vêtement de lumière et de vie. Par sa dimension,
son mouvement et ses couleurs, ce linceul symbolise
le monde arraché à la mort, libéré de ses pesan-
teurs, entraîné dans le sillage du Ressuscité. J'ai
fait jouer, dans les plis de ce drap géant, toutes
les couleurs de l'arc-en-ciel, depuis les différentes

nuances du bleu jusqu'au rouge et au jaune le plus éclatant, en passant par les teintes plus discrètes du violet. Ce ruissellement de couleurs, avec le mouvement qui les anime, évoque tous les éléments de la création : l'eau, le vent, le feu, la terre, le soleil...

— C'est le cantique de la vie sur les ruines du vieux monde, dit Hans.

— C'est bien cela. J'ai fait passer, dans le mouvement et les couleurs de ce linceul, une allégresse mystique, toute franciscaine. Le Christ, en ressuscitant, chante le *Cantique des créatures*.

Il se tut un instant, le visage radieux, les yeux remplis de lumière. Puis il poursuivit :

« C'est comme si le Christ, en s'élevant dans la gloire, tirait et ramenait des profondeurs ténébreuses de la terre un gigantesque filet, un chalut démesuré où toute la création serait prise, frémissante de vie, éclatante de beauté. C'est la pêche miraculeuse, à l'échelle du monde. Et toute cette vie s'illumine, s'embrase autour du Ressuscité. L'univers monte et danse dans la lumière, avec le Premier-né d'entre les morts. Les corps des soldats plaqués au sol, ainsi que l'énorme rocher tabulaire à l'arrière-plan, font ressortir, par leurs lignes horizontales et leur masse, l'élan vertical, aérien, de la théophanie pascale. C'est la grande Pâque cosmique dont parle l'Apocalypse : "J'entendis le chant de toutes les créatures dans le ciel et sur la terre, sous la terre et dans la mer. Elles s'écriaient : A celui qui siège sur le trône, ainsi qu'à l'Agneau, louange, gloire et puissance dans les siècles des siècles !"

— Nous retrouvons ici la puissance et la gloire, fit remarquer Hans.

— Mais pas dans le sens où le monde l'entend, rétorqua Mathis. Le texte que je viens de citer associe dans une même louange Dieu et l'Agneau immolé. Sur mon tableau, le Seigneur ressuscité porte les plaies de sa passion. Les blessures des mains, des pieds et du côté rayonnent. Ce sont elles qui manifestent désormais la gloire de Dieu. Une gloire cachée au monde et qui n'a rien à voir avec la volonté de prestige et de domination.

Après un court silence, le peintre ajouta : « Sur mon tableau, la nuit — une nuit étoilée, il est vrai — entoure, enveloppe cette théophanie. L'événement de la Résurrection appartient lui aussi à la révélation du Dieu caché ; il en est même le sommet. Personne ne l'a vu. Il s'est déroulé dans le secret de la nuit, sans témoins ni fanfares. »

En achevant sa phrase, le peintre parut s'absorber dans une vision intérieure. Peut-être contemplait-il ces plaies rayonnantes qu'il venait d'évoquer et où se manifestait la gloire du Dieu caché. Il demeura ainsi quelques instants, silencieux. Puis, sur le ton de la confidence, il dit à son ami :

« Écoute, Hans, longtemps j'ai été tourmenté par une parole de la Bible. Elle me poursuivait et m'interpellait sans cesse. Je voyais bien qu'elle renfermait un secret. Mais j'avais beau la retourner dans mon esprit, elle me restait fermée et comme scellée. Aujourd'hui elle s'ouvre, comme un bouton de rose sous mes yeux ; et je la respire avec joie.

— Quelle est donc cette parole mystérieuse ? demanda Hans intrigué.

— C'est la parole du veilleur dans le livre du prophète Isaïe. Quelqu'un crie au veilleur : "Où en est la nuit ? Où en est la nuit ?" Et le veilleur de répondre : "Le matin vient et la nuit aussi. Si vous voulez interroger à nouveau, revenez." Réponse bien mystérieuse, vous l'avouerez. Que pouvait donc signifier cette parole qui résonnait dans ma vie, à la fois comme une promesse de bonheur et comme une dérision ? Dans les ténèbres où j'étais plongé, j'attendais, haletant, le matin ; je guettais la première lueur de l'aube. Et voici qu'on m'annonçait sa venue, mais en même temps la nuit. La nuit à moi qui n'en finissais pas de me débattre contre les ténèbres ! J'en étais désespéré. Que de fois je suis revenu et j'ai interrogé à nouveau ! Je n'étais pas plus avancé. Toujours la même réponse sibylline : "Le matin vient et la nuit aussi." Maintenant cette parole m'apparaît lumineuse.

— Expliquez-moi cela, dit Hans dont la curiosité et l'étonnement ne faisaient que grandir.

— C'est simple, dit l'artiste. Le matin, c'est la révélation de Dieu dans l'histoire du monde et en chacune de nos vies. Avec la Parole, le matin vient, le jour se lève. Et la lumière ne cesse de grandir. Cependant, à mesure que Dieu se révèle, il apparaît de plus en plus caché. Non pas que Dieu se cache et joue avec nous. Mais sa vérité et sa grandeur sont d'un ordre tellement différent de ce que nous imaginons, qu'elles nous déconcertent. Le Dieu vrai est toujours le Dieu caché. Nous ne le reconnaissons pas. Nous ne laissons pas Dieu être Dieu. Ainsi vient le matin et la nuit aussi. Les siècles ne nous ont pas encore habitués à voir Dieu dans son ordre de grandeur. Nous le cherchons toujours du côté de la puissance et de la gloire. Seuls les pauvres et les humbles qui ne rêvent pas de puissance mais d'une humanité libre et fraternelle, entrent dans le secret de Dieu ; ils pénètrent dans le jour intérieur de sa présence. Perçant l'obscurité où Dieu se révèle, ils découvrent la vérité de Dieu, la gloire de Dieu. Et, dans cette lumière, ils voient aussi resplendir la vérité de l'homme, l'avenir de l'homme.

C'est cela le matin de Pâques. »

Voix d'Outre-Tombe

Quelques mois plus tard, maître Mathis s'éteignait. La voisine, qui s'occupait de lui et le visitait chaque matin, le trouva inanimé, mort. La nouvelle bouleversa le petit monde de ses amis. Le soir même, quelques compagnons fidèles, dont Hans Plogk, se réunirent chez le défunt pour une veillée de prière et de recueillement.

Le corps du peintre reposait dans la grande salle de la maison, sur un lit large et sans rideaux. Deux cierges brûlaient au chevet. Maître Mathis semblait dormir. Son visage détendu reflétait quelque chose d'immense. On avait suspendu au mur, derrière lui, son dernier tableau, son ultime crucifixion, celle qu'il avait peinte, en l'absence de toute commande, simplement « par nécessité intérieure ». La flamme des cierges, qui montait toute droite et faisait sortir de l'ombre le Crucifié, évoquait irrésistiblement l'âme ardente du grand défunt, qui semblait vouloir encore témoigner.

Une femme — la voisine — s'était jointe aux compagnons. En entrant, elle avait déposé discrètement sur le drap blanc deux roses rouges. Puis, après s'être recueillie un instant, elle était allée s'asseoir sur le côté, une mantille noire sur la tête. L'atmosphère était grave mais sans solennité. Cette veillée funèbre était celle de l'amitié et de la ferveur. Celle de la foi aussi. Elle commença par la lecture de quelques passages de la Bible, notamment du Livre de Job et des Psaumes.

Ces lectures furent suivies d'un temps de silence, au cours duquel les souvenirs affluaient et se pressaient dans l'esprit et le cœur des amis du peintre. Maintes paroles du défunt leur revenaient en mémoire et prenaient à cette heure un accent d'éternité. La mort, en rejetant dans l'ombre le côté épisodique d'une vie, en révèle le sens éternel.

Remplis de cette lumière, les compagnons éprouvèrent alors le besoin d'échanger leurs impressions et leurs pensées.

Hans Plogk, le premier, rompit le silence : « Notre ami, dit-il, nous a quittés. Discrètement, comme il a vécu. Peintre prestigieux à la cour du Grand Électeur, il a terminé sa vie dans l'obscurité et l'oubli. Jamais peut-être vie d'artiste n'aura été aussi profondément en accord avec son œuvre... »

Une conversation très simple et recueillie s'engagea entre ces hommes. Elle allait droit à l'essentiel : au message laissé par l'artiste.

« Peintre à la cour, il fut tout le contraire d'un peintre courtisan, fit tout d'abord remarquer l'un des compagnons, Heinrich Rumpe. Notre ami ne peignait que des sujets religieux. Et parmi ceux-ci, la crucifixion du Seigneur était son thème préféré. Il y revenait sans cesse. Un sujet très éloigné des préoccupations de la cour et de la vie mondaine.

— N'était-ce pas, de sa part, un défi lancé à l'humanisme des prélats et des courtisans ? insinua Gabriel Tunczel. Face à la montée d'un courant qui exaltait l'homme d'une manière toute païenne, face surtout à un christianisme qui se laissait gagner par cet humanisme, maître Mathis a eu le courage de rappeler à tous le Christ crucifié.

— Je le crois aussi, dit Hans. Et il l'a fait avec une insistance marquée, non seulement par le nombre de ses crucifixions, mais plus encore par leur violence. Une violence insolente, insultante, pour tous ces esprits éblouis par l'idéal de la beauté grecque. Rarement la mort du Christ en croix fut peinte avec un tel réalisme tragique. Le tableau que nous avons sous les yeux suffit à nous le montrer. Nous sommes loin de ces crucifixions sereines où le Christ semble dormir sur le gibet, où tout concourt à tempérer l'émotion et à faire naître, dans le cœur des fidèles, une douce compassion.

— Cette violence n'a pas toujours été bien comprise, même par les admirateurs de l'artiste, observa Heinrich. Certains y ont vu l'expression d'une sensibilité religieuse exacerbée. Je pense qu'ils se trompent. C'est mal connaître notre ami. La dureté de ses crucifixions a, me semble-t-il, un tout autre sens. Leur grandeur tragique s'adresse moins à la sensibilité qu'à la foi. Elle est une façon de mettre en lumière la dimension oubliée de la mort du Christ. A vrai dire, c'est une approche du mystère. Les crucifixions de maître Mathis, par leur démesure, nous crient que le drame du Calvaire n'est pas un simple accident humain, explicable par des causes humaines ; que l'événement plonge dans les abîmes insondables de Dieu ; qu'il appartient au mystère même de Dieu. La mort du Christ, par son caractère dramatique et scandaleux, nous renvoie au Dieu qui nous échappe. L'horreur est ici le chiffre du Sacré. Nous le sentons bien, nous sommes placés brutalement devant le mystère. Cette lumière de fin du monde, dans laquelle apparaît le Crucifié, illustre la parole du livre de Job : "Autour de Dieu, règne une effrayante splendeur" (Job 37, v. 22). Quand je contemple le Crucifié tel que l'a peint notre ami, je pense irrésistiblement au texte du prophète Isaïe : "Mes pensées ne sont pas vos pensées, et mes chemins ne sont pas vos chemins, déclare le Seigneur. Autant le ciel est élevé au-dessus de la terre, autant mes chemins sont élevés au-dessus des vôtres, et mes pensées, au-dessus de vos pensées" (Isaïe 55, v. 8-9).

— Au fond, l'artiste nous restitue le regard de la foi, dit Hans, un regard qui va bien au-delà de l'émotion.

— C'est un regard qui retrouve le Dieu caché, précisa Gabriel. Sur la grande crucifixion du retable d'Issenheim, Jean Baptiste personnifie ce regard d'une façon étonnante. Ce choix du Précurseur me semble lourd de sens. Comme si le peintre avait eu le pressentiment qu'aujourd'hui encore le Seigneur était à venir.

— Ce tableau, dit Hans, a été peint à la veille de l'éclatement de la Réforme. Il évoque la fin d'un monde. Ce monde dont on voit à l'arrière-plan les derniers lambeaux s'enfoncer dans la nuit, est celui de la vieille chrétienté. Il semble entraîner, dans sa dérive, le Sacré lui-même. Dieu est mort. Il se décompose sous nos yeux, au grand scandale des âmes pieuses. A la place, le vide. C'est le drame et la désolation. Or dans cette nuit tragique, où la gloire et la puissance sont balayées, un homme s'avance, calme, rassuré : Jean Baptiste. Quand le Précurseur paraît, c'est toujours pour annoncer le salut. De son index, il montre le Crucifié ; il semble nous dire : Cette nuit atroce est l'aube d'un jour nouveau. Un monde meurt, un autre naît. Il faut que la chrétienté disparaisse pour qu'à nouveau vive l'Évangile. Dieu est continuellement en ruine et en résurrection dans l'histoire du monde. »

Il y eut un silence. Un silence de plénitude. Les compagnons se taisaient, non parce qu'ils n'avaient plus rien à se dire, mais parce que leur cœur débordait. Chacun d'eux le sentait, il se passait, dans cette chambre mortuaire, quelque chose d'ineffable. Les grandes expériences spirituelles ne se déroulent pas dans un autre monde ; elles nous font appréhender l'existence de tous les jours avec un autre regard. Avec plus de gravité, de profondeur. Avec plus de simplicité aussi.

« C'est vrai, dit enfin Gabriel, le tragique, chez maître Mathis, nous fait toucher le mystère. Mais c'est un mystère d'amour. La nuit de l'angoisse devient le lieu de l'émerveillement. Le Fils abandonné donne Dieu aux abandonnés de Dieu. L'exclu devient l'élu. Ici se révèle un Amour plus fort que toutes les lois du ciel et de la terre. »

Ce fut à nouveau le silence. Entre ces hommes et le peintre défunt, la communion était totale. La veillée nocturne qui se prolongeait d'heure en heure sous le signe du Crucifié, commençait maintenant à s'éclairer des premières lueurs de l'aube. Comme si l'artiste, retenant ses amis près de lui, eût voulu les entraîner, par-delà l'obscurité, l'oubli et la mort, jusque dans la clarté de sa Pâque éternelle.

Annexes

Chronologie

Bien que cet ouvrage ne soit pas une biographie, le lecteur souhaitera sans doute avoir quelques points de repère historiques. Le peu de documents que les archives ont livré jusqu'à ce jour et que A. Kehl a rassemblés dans ses Grünewald-Forschungen, *ne permet pas de donner une chronologie complète et définitive. Voici cependant quelques dates :*

1470-1480
Grünewald naît à Würzburg, en Franconie. On ignore la date exacte de sa naissance. Les chercheurs la situent aujourd'hui entre 1470 et 1480.

Comme il ressort des documents, le vrai nom de l'artiste est Mathis Gothart Neithardt (ou Nithart). D'où son monogramme : M.G.N. Le nom de Grünewald ne lui a été donné qu'à partir de 1619 par Sandrart.

On ne sait rien de ses années de formation.

1502
C'est sans doute vers cette date que Mathis peint sa première Crucifixion (conservée au musée de Bâle). Ce tableau où l'artiste aborde le sujet qui deviendra son thème préféré, présente déjà les caractères particuliers de son art : les couleurs lumineuses, l'intensité tragique, le fond de paysage fantastique, à peine indiqué.

1503
C'est la date apposée sur le retable de Lindenhardt près Bayreuth. La critique attribue généralement à Grünewald les

compositions peintes sur la face externe du retable et qui représentent les saints auxiliaires.

1503-1504
Mathis peint *la Dérision du Christ* (tableau conservé à Munich).

1505 (octobre)
L'artiste est cité pour la première fois de façon certaine dans un document écrit, au sujet d'une épitaphe que le chanoine Heinrich Reitzmann, d'Aschaffenburg, a fait « peindre et inscrire » par un aide de « maître Mathis », pour le vicaire Johan Reitzmann, mort l'année précédente. De ce document, il ressort que Mathis est maître à cette époque, qu'il a un compagnon et un atelier à Aschaffenburg.

1510 (juin)
Le chapitre de la cathédrale de Mayence charge le peintre, en qualité d'ingénieur hydraulicien, de contrôler les fontaines du château, à Bingen sur le Rhin.

1511
Maître Mathis devient peintre de cour et conseiller artistique de l'archevêque de Mayence, Uriel von Gemmingen, résidant au château d'Aschaffenburg. Au service de ce prélat humaniste, il dirige les travaux de restauration et d'agrandissement du château. Dans une lettre que lui adresse le 9 juin 1511 Oswald von Schwatz, il est appelé « peintre et tailleur de pierres au château d'Aschaffenburg ».
La même année, il peint un tableau pour le couvent des dominicains de Francfort.

1512
Début supposé des travaux pour le retable d'Issenheim en Haute-Alsace.

1513
Le chanoine Heinrich Reitzmann commande au peintre le triptyque d'Aschaffenburg, en l'honneur de Notre-Dame-des-Neiges. Le tableau qui doit représenter le miracle de la neige sur l'Esquilin (à l'emplacement de Sainte-Marie-Majeure), ne sera exécuté que plus tard, quand l'artiste aura terminé le retable d'Issenheim.

1514
En février, mort de l'archevêque Uriel von Gemmingen. Mathis se trouve alors en Alsace où il exécute la plus grande commande de sa vie : *le retable d'Issenheim.* Cité à cette époque comme témoin dans un procès à Francfort, il ne peut se rendre à la convocation du tribunal.

1515
C'est la date apposée sur la Crucifixion du retable d'Issenheim, si du moins l'on interprète comme des chiffres les signes peints sur le vase à onguents, qui figure sur le tableau, près de Marie Madeleine.

1516 (février)
Mort du précepteur Guido Guersi qui avait commandé le retable d'Issenheim.

1516
Maître Mathis est de nouveau peintre de cour à Mayence, au service du successeur d'Uriel von Gemmingen, l'archevêque Albrecht de Brandebourg, grand mécène et prince fastueux. (En août 1516, le chapitre de Mayence décide d'honorer une demande de paiement, que lui a adressée le peintre.) Mathis conservera cette charge jusqu'en 1526.

1516-1517
Naissance (selon Kehl) d'André Neithardt, le fils adoptif de maître Mathis.

1517
Début de la Réforme en Allemagne. La publication des 95 thèses rédigées par Luther a un retentissement énorme dans tout le pays.

1517 (août)
Le chanoine Reitzmann, d'Aschaffenburg, renouvelle à maître Mathis sa demande d'exécuter le triptyque en l'honneur de Notre-Dame-des-Neiges. Le peintre se met à l'œuvre. En octobre de cette même année, il revisa la fontaine des pèlerins sur la place de la collégiale d'Aschaffenburg.

1519
Date apposée sur l'encadrement du triptyque d'Aschaffenburg.

1520
Exécution de trois retables pour la cathédrale de Mayence (mentionnés par Sandrart, mais disparus au cours de la guerre de Trente Ans).

Il n'est pas exclu que cette année-là le peintre ait accompagné son maître et protecteur, l'archevêque Albrecht de Brandebourg, au couronnement de l'empereur Charles Quint à Aix-la-Chapelle, et qu'à cette occasion il ait rencontré Dürer, comme celui-ci semble l'indiquer sur son carnet de voyage.

1521-1523
Sur la demande de l'archevêque Albrecht, maître Mathis peint le tableau représentant les saints Érasme et Maurice, pour la collégiale de Halle.

1524
Exécution du *retable de Tauberbischofsheim* (actuellement conservé à la staatliche Kunsthalle de Karlsruhe). Peint sur les deux faces, il présente d'un côté *le Portement de croix*, de l'autre *la Crucifixion*. L'artiste reprend ici le sujet qui l'a obsédé durant toute sa vie, et en donne une version essentielle, réduite à trois personnages : le Crucifié, la Vierge et saint Jean. On peut remarquer que, de la première *Crucifixion* de Bâle à la présente œuvre, certains traits n'ont cessé de s'accentuer. Ainsi le linge qui entoure la taille du Crucifié est de plus en plus taillade. Dans ses représentations de paysans, Dürer traite les vêtements de la même façon. L'insistance de ce « motif », chez maître Mathis, signifierait son adhésion au monde des humbles, sa sympathie pour les paysans et leurs revendications. Tauberbischofsheim sera un des foyers les plus ardents de la révolte paysanne.

1525
Cette année-là commence la « guerre des paysans ». Le mouvement de révolte s'étend rapidement à toute l'Allemagne du Sud. Les diocèses de Mayence sont touchés et ravagés. Sous la conduite de Götz von Berlichingen, les paysans s'emparent de plusieurs villes dont Aschaffenburg et Seligenstadt.

Mais la contre-offensive des princes jugule la révolte et la réprime sévèrement.

1526 (février)
A Aschaffenburg, maître Mathis reçoit de la cour de Mayence la somme de dix florins pour solde de rémunérations dues. Ce sera le dernier paiement que lui effectuera la cour.

118

1526 (1er mai)

Le cardinal Albrecht de Brandebourg juge à Aschaffenburg les courtisans compromis dans la « guerre des paysans » ou suspects de sympathies luthériennes : ils perdent leurs charges ou sont condamnés à payer des amendes. On suppose que maître Mathis s'est trouvé parmi les suspects et s'est enfui dans la ville libre de Francfort pour esquiver une condamnation. La même année, Simon Franck, de Halle, lui succède comme peintre de cour.

1526-1527

A partir de l'automne 1526 (ou du printemps 1527), Mathis habite Francfort, rue des Cordeliers (Barfüssergasse), dans la maison dite « A la Licorne » *(« Zum Einhorn »)*, appartenant au brodeur sur soie, Hans von Saarbrücken. Il n'est plus question pour le peintre de commandes artistiques. Pour vivre, il se fait fabricant de savon curatif.

1527 (avril-mai)

Le Conseil de Francfort, sur la demande de celui de Magdeburg, autorise « maître Mathis, peintre » à relever les plans d'un moulin sur le Main, construction importante et compliquée, étant donné ses multiples fonctions. Mais ces relevés ne sont pas exécutés.

Avant la fin de l'été, le peintre quitte Francfort et vient se fixer à Halle. Auparavant il rédige son testament devant deux conseillers : il institue héritier universel son fils adoptif André dont il confie la tutelle à Hans von Saarbrücken ; il laisse en dépôt chez celui-ci cinq caisses d'objets, portant son nom « Mathis Neithart Maler von Würzburg ».

1528

Dans les derniers jours d'août, Mathis meurt à Halle. Il avait entre 50 et 60 ans. Le 1er septembre, trois bourgeois de Halle, amis de l'artiste, Hans Plogk, Heinrich Rumpe, Gabriel Tunczel, annoncent par lettre aux magistrats de la ville la « mort en Dieu » de « maître Mathis, peintre et ingénieur hydraulicien » ; ils les prient de communiquer la nouvelle à leurs confrères de Francfort afin que ces derniers délivrent le testament à son fils.

Dès le 2 septembre, les magistrats de Halle demandent par lettre à leurs collègues de Francfort de pourvoir à l'ouverture du testament et à l'inventaire des biens laissés par maître Mathis.

1528 (octobre)
Le tribunal de Francfort dresse, devant deux juges, l'inventaire des objets laissés chez Hans von Saarbrücken par « *Meister Mathis Nithart oder Gothart, Maler, Hofdiener, Vergolder, Wasserkunstmacher* » (peintre, serviteur de la cour, doreur, ingénieur hydraulicien).

Cet inventaire mentionne :

Des objets de ménage.
Des vêtements d'homme, rouges et or, tels qu'ils étaient portés à la cour de Mayence.
Des pinceaux et des couleurs, dont quelques-unes très rares.
Des instruments hydrauliques.
Quelques bijoux et médailles.
Une grosse caisse de livres : l'explication des *Douze articles* des paysans révoltés, des sermons de Luther, d'autres écrits du Réformateur, notamment sa traduction allemande du Nouveau Testament.
Enfin deux volets de retable, préparés, dont l'un représente le Christ en croix entre la Vierge et saint Jean, ultime reprise d'un sujet qui a intéressé le peintre toute sa vie.

Cet inventaire, sans nous livrer le secret d'une vie, nous en révèle les centres d'intérêt : la peinture bien sûr, mais aussi les grands courants spirituels et sociaux de l'époque. L'art de maître Mathis n'est pas resté étranger à ces courants ; il s'est ouvert à une expérience spirituelle et sociale, toujours plus profonde.

C'est tout le destin de l'homme, en définitive, que l'artiste cherchait à exprimer en revenant constamment à la figure du Christ souffrant.

Les Douze Articles*

« Les principaux et vrais articles fondamentaux de tous les paysans et manants des autorités ecclésiastiques et laïques, au sujet desquels ils s'estiment opprimés.

Au lecteur chrétien, paix et grâce de Dieu par Christ. Beaucoup d'antichrétiens prennent actuellement prétexte du rassemblement de la paysannerie pour blâmer l'Évangile, disant que voici les fruits du nouvel Évangile : n'obéir à personne, se soulever et se révolter en tout lieu, s'assembler et s'attrouper avec un grand déploiement de force, en vue de réformer, extirper, peut-être même abattre toute autorité ecclésiastique et laïque. A tous ces critiques impies et pleins de malice répondent les articles ci-dessous ; premièrement afin de lever cette honte infligée à la parole de Dieu, ensuite afin d'excuser chrétiennement la désobéissance et même la révolte de tous les paysans. Et d'abord, l'Évangile n'est pas une cause de révolte ou d'insurrection, puisqu'il est parole de Christ, du Messie annoncé, parole et vie qui n'enseignent qu'amour, paix, patience et union, de sorte que tous ceux qui croient en ce Christ deviennent aimants, pacifiques, patients et unis. Or le principe de tous les articles des paysans, qui consiste à écouter l'Évangile et à y conformer sa vie, ne tend qu'à cela ; comment les anti-chrétiens peuvent-ils alors présenter l'Évangile comme une cause de révolte et de désobéissance ?

* La présence de ce document dans la succession de maître Mathis témoigne de l'intérêt que le peintre portait au drame social de son temps.

121

Ce n'est pas l'Évangile qui est cause de l'opposition des antichrétiens et ennemis de l'Évangile aux demandes et doléances (des paysans), mais bien le diable, l'ennemi le plus nuisible de l'Évangile, qui l'excite chez les siens au moyen de l'incrédulité afin d'opprimer et de faire disparaître la parole de Dieu (qui enseigne amour, paix et union).

Ensuite il est évident que les paysans qui demandent en leurs articles de pouvoir entendre cet Évangile et de vivre en conformité avec lui, ne sauraient être qualifiés d'insoumis, de rebelles. Et si Dieu veut exaucer les paysans (qui le prient, avec des soupirs, de pouvoir vivre conformément à sa parole), qui voudra blâmer la volonté de Dieu ? qui voudra se mettre à la juger ? plus encore, qui voudra s'opposer à sa majesté ? Lui qui a écouté les enfants d'Israël criant vers lui et les a délivrés de la main de pharaon, ne peut-il encore aujourd'hui sauver les siens ? Certes, il les sauvera, et promptement. C'est pourquoi, lecteur chrétien, lis avec soin les articles qui suivent, et puis tu jugeras.

Voici les articles :

Article premier

En premier lieu, c'est notre humble prière et requête, et aussi notre volonté à tous et notre dessein : qu'à l'avenir chaque communauté ait la faculté et le pouvoir d'élire et de choisir elle-même son pasteur ; ainsi que la faculté de le destituer s'il se conduisait indignement. Le pasteur ainsi élu doit nous prêcher toujours le saint Évangile dans toute sa pureté, sans y ajouter aucun point de doctrine ni d'obligation de source humaine ; car le fait de nous annoncer toujours la vraie foi, nous conduit à demander à Dieu sa grâce, de former en nous cette vraie foi et de la confirmer en nous. Mais si sa grâce n'est pas formée en nous, nous restons des êtres de chair et de sang, ce qui alors n'est d'aucun avantage. Car l'Écriture dit clairement que nous ne pouvons arriver à Dieu que par la vraie foi et que sa miséricorde seule nous rendra bienheureux. C'est pourquoi un tel guide et pasteur nous est nécessaire et notre requête est fondée dans l'Écriture.

Article second

En second lieu, — la vraie dîme a été établie dans l'Ancien Testament, et elle est accomplie dans le Nouveau ; cependant nous sommes tout disposés à fournir la vraie dîme des céréales, mais de la manière qui convient ; il faut donc la fournir à Dieu, pour être livrée aux siens. Elle est due au pasteur qui prêche dans sa pureté la parole de Dieu. Nous voulons qu'à l'avenir elle soit recueillie et perçue par le prévôt d'église *(Kirch Bropst)* désigné par la communauté et qu'il en soit donné au pasteur élu par l'ensemble de la communauté ce que celle-ci estime convenir à son honnête entretien ainsi qu'à la vie des siens ; quant au reste, on devra le distribuer aux pauvres nécessiteux du village, équitablement et selon l'avis de la communauté. Et ce qui restera après ce service sera mis en réserve pour pourvoir aux besoins du pays en cas de guerre : afin d'éviter en ce cas de charger de contributions les pauvres gens. Au cas où un ou plusieurs villages ont vendu eux-mêmes la dîme par suite de quelque nécessité, les acquéreurs qui à ce sujet font la preuve d'avoir ainsi la dîme de tout un village, ne devront pas en être sanctionnés (comme ceux qui l'ont accaparée par force), mais nous nous arrangerons avec ceux auxquels elle a été vendue, pour la racheter dans les délais équitables. Quant à ceux dont les ancêtres, au lieu d'avoir acquis les droits de dîme, se les sont tout simplement appropriés, nous ne leur serons aucunement obligés. Nous emploierons la dîme, comme susdit, à entretenir notre pasteur élu ou à racheter par après (la dîme qui avait été engagée), ou à soulager les nécessiteux, comme le dit la sainte Écriture. — Quant à la menue dîme, nous ne voulons pas du tout la donner, ni aux ecclésiastiques ni aux laïcs, — car le Seigneur Dieu a créé le bétail pour l'homme sans poser de conditions. Cette dîme, nous l'estimons inconvenante et inventée par les hommes. C'est pourquoi nous ne voulons pas continuer à la fournir.

Article trois

Troisièmement, jusqu'à présent c'était l'usage de nous considérer comme des gens attachés à la glèbe [des serfs], ce qui est lamentable, vu que Christ nous a tous sauvés et rachetés en répandant son précieux sang, le pâtre tout autant que le plus grand, personne excepté. Ainsi l'Écriture nous apprend que nous sommes libres, et nous voulons l'être. Ce qui ne veut pas dire que nous voulons être absolument libres, sans reconnaître aucune autorité. Dieu ne nous enseigne-t-il pas de vivre d'après des lois, et non d'après les caprices de la chair : d'aimer Dieu, de le reconnaître comme notre seigneur dans le prochain, de faire aux autres ce que nous voudrions qu'ils nous fassent, ainsi que Dieu nous l'a commandé à la dernière Cène. Nous devons donc vivre d'après sa loi, laquelle nous enseigne d'obéir à l'autorité ; elle nous dit de nous humilier non seulement devant celle-ci, mais vis-à-vis de chacun. Nous devons obéir de bon cœur à toute autorité élue, ou instituée (par Dieu) en tout ce qu'elle ordonne de convenable et de chrétien, et vous nous affranchirez certainement en votre qualité de vrais et d'authentiques chrétiens ou vous nous montrerez dans l'Évangile que nous sommes serfs.

Article quatre

Quatrièmement, il a été d'usage jusqu'à présent qu'aucun pauvre homme n'ait eu le pouvoir et le droit de prendre du gibier, des oiseaux ou des poissons dans les eaux vives, ce que nous estimons être tout à fait inconvenant et antifraternel, très égoïste et contraire à la parole de Dieu. En plus, en divers endroits l'autorité nous oblige à supporter le défi et le grand dommage que nous fait le gibier, les animaux privés de raison qui dévorent et détruisent capricieusement nos biens que Dieu a fait pousser pour notre service ; par notre silence il nous faut accepter ces choses qui sont contraires à Dieu et au prochain. Quand Dieu créa l'homme, il lui a donné pouvoir sur tous les animaux, sur les oiseaux de l'air et sur les poissons de l'eau. C'est pourquoi nous demandons que celui qui détient une surface d'eau, prouve par titres suffisants qu'elle a été achetée au su (des paysans) ; nous ne demandons pas de la lui enlever de force, mais il faudrait que l'amour fraternel conduise à s'aviser chrétiennement. Mais celui qui ne sait suffisamment justifier l'acquisition, est tenu de restituer à la communauté.

Article cinq

Cinquièmement, nous sommes opprimés aussi quant au bois. Car nos seigneuries se sont approprié tous les bois, et quand le pauvre homme en a besoin, il faut qu'il l'achète au double de sa valeur. A notre avis il faut distinguer : les bois détenus par des ecclésiastiques ou des laïcs qui ne les ont pas achetés, doivent retourner à l'ensemble de la communauté ; celle-ci laissera chacun de ses membres chercher gratuitement le bois de chauffage qui lui est nécessaire ; de même quand on a besoin de construire, le bois ne coûtera rien, mais il faut le faire savoir à ceux qui auront été désignés par la communauté. — Et si un bois n'a pas été acheté honnêtement, on devra s'arranger avec ses détenteurs fraternellement et chrétiennement. Mais lorsqu'il s'agit d'un bien d'abord accaparé et vendu dans la suite à un tiers, il faudra trouver un arrangement conforme à la situation et inspiré par l'amour fraternel et l'Écriture sainte.

Article six

Sixièmement, nous sommes durement chargés de services (corvées) qui s'accroissent et augmentent de jour en jour. Nous demandons que l'on s'applique à comprendre comme il faut notre situation et que l'on ne nous charge plus si durement, mais qu'on s'en tienne à ceux que l'on exigeait de nos parents, le tout en se conformant à la parole de Dieu.

Article sept

Septièmement, nous ne voulons pas qu'à l'avenir les seigneurs nous imposent de nouvelles charges ; on tiendra les biens aux conditions de location convenues entre le seigneur et le paysan. Le seigneur ne doit pas le contraindre et forcer à de nouveaux services et autres choses gratuites ; en sorte que le paysan devra pouvoir user et jouir d'un tel bien sans tracas et tranquillement. Mais si le seigneur avait besoin d'un service, il sera du devoir du paysan de le lui rendre volontiers et docilement, mais que ce soit à un moment qui ne désavantage pas le paysan et que celui-ci soit payé convenablement pour ce service.

Article huit

Huitièmement, nous nous plaignons — et nous sommes nombreux — de ce que ceux qui tiennent des biens, sont incapables de supporter la redevance (cens) exigée, si bien que les paysans y perdent ce qu'ils possèdent et s'y ruinent. Que la seigneurie fasse visiter ces biens par des gens probes et que la redevance soit établie équitablement, afin que le paysan ne travaille pas pour rien, car chaque journalier mérite son salaire.

Article neuf

Neuvièmement, nous nous plaignons au sujet des grandes contraventions, vu que l'on édicte sans cesse de nouveaux règlements. On ne nous punit pas d'après la nature des faits, mais tantôt avec une grande envie, tantôt avec une grande faveur. Notre avis, c'est que l'on punisse d'après les paragraphes concernés par la contravention et non pas selon la faveur.

Article dix

Dixièmement, nous nous plaignons de ce que plusieurs ont accaparé des prés ou bien des terres labourables qui appartiennent à la communauté. Nous mettrons de nouveau ces terres à la disposition de nous tous, à moins qu'on ne les ait achetées en toute probité. Mais s'il s'agit de biens mal acquis, on devra s'entendre à l'amiable et fraternellement suivant la nature des choses.

Article onze

Onzièmement, nous voulons que soit complètement aboli l'usage dit main-morte *(Todfall)*. Jamais nous ne tolérerons ni n'admettrons que l'on dépouille honteusement les veuves et les orphelins, contrairement aux lois de Dieu et de l'honneur, de ce qu'ils possèdent, ainsi que c'est arrivé, sous des formes multiples, en de nombreux lieux, de la part de ceux qui devraient les assister et les protéger. Ils nous ont écorchés et étrillés ; et même s'ils n'avaient qu'un droit restreint (de prendre quoi que ce soit, ils se sont arrogé ce droit dans toute son ampleur). Dieu ne tolérera plus cela, qui doit être totalement supprimé. Personne ne sera plus obligé de rien donner, ni peu ni prou [en cas de décès].

Conclusion

Douzièmement, voici notre conclusion et notre avis final : si un ou plusieurs articles ici proposés n'étaient pas conformes à la parole de Dieu (ce que nous ne pensons pas) et si l'on nous expliquait par l'Écriture qu'ils sont contraires à la parole de Dieu, nous y renoncerions. Si on admettait maintenant plusieurs articles et qu'on trouvât par la suite qu'ils fussent iniques, ils devraient être aussitôt nuls et non avenus et ne plus avoir de valeur. De même, si on découvrait dans l'Écriture encore d'autres articles qui feraient apparaître des choses contraires à Dieu et nuisibles au prochain, nous voulons nous le réserver et l'avoir décidé, et nous voulons nous exercer dans toute la doctrine chrétienne et l'appliquer. Nous prions Dieu le Seigneur de nous accorder cela, que seul il peut nous accorder. Que la paix de Christ soit avec nous tous. »

(trad. littérale*) A. W.

* La traduction littérale que nous donnons de ce texte est tirée de la Revue de la « Société d'Histoire et d'Archéologie de Saverne et Environs », *Études Alsatiques*, numéro supplémentaire 93, *La Guerre des Paysans 1525*, p. 138-139, décembre 1975.

Bibliographie

Der Isenheimer Altar, L. Sittler, 1957, Colmar.

Der historische Grünewald, W. Zülch, 1938, Munich. (L'œuvre fondamentale et la plus détaillée sur Grünewald.)

Grünewald, Mathis Neithart genannt Gothart, W. Zülch, 1954, Leipzig.

Grünewald-Forschungen, A. Kehl, 1964. (Complète Zülch.)

Die Handzeichnungen des Mathis Gothart Nithart genannt Grünewald, Lottlisa Behling, 1955, Weimar.

Matthias Grünewald, Lottlisa Behling, 1981, Strasbourg (traduction française).

L'art en Alsace, H. Haug, 1962, p. 111-117, Arthaud.

« Der Issenheimer Altar », P. Schmitt, *Orbis pictus*, n° 26.

Grünewald à Colmar, P. Schmitt, 1961, Bibliothèque des Arts, Paris.

Grünewald, P. Waisse et P. Bianconi, 1974, Les classiques de l'art, Flammarion. (Bonne documentation de P. Bianconi.)

« Le Mystère Grünewald », J. Erbes, 1972, *Saison d'Alsace*, n° 41, p. 57-74.

Mathis Gothart Nithart — Grünewald, Der Isenheimer Altar, H. Geissler, B. Saran, 1973, Stuttgart. Édition française, Fribourg, 1974.

Matthias Grünewald, Hans Jürgen Rieckenberg, 1976, Hamburg.

« Bibliographie de Grünewald 1924-1975 », P. Schmitt, 1975-1976, Strasbourg, *Cahiers Alsaciens d'Archéologie d'Art et d'Histoire*, t. XIX.

Table des matières

Achevé d'imprimer le 8 novembre 1994
dans les ateliers de Normandie Roto Impression s.a., 61250 Lonrai
N° d'imprimeur : I4-1311 — Dépôt légal : novembre 1994
Imprimé en France